DIE ANTIKE SEIDENSTRASSE

Gedruckt in der Volksrepublik China

DIE ANTIKE SEIDENSTRASSE

Redaktion und Verlag CHINA IM BILD

TITELBILD:
Seide wird auf Kamelrücken befördert
Dreifarbige Tonfigur aus der Tang-Zeit (618-907), freigelegt in Xi'an (Provinzmuseum von Shaanxi, Xi'an)

INHALT

Der Ursprung der Seidenstrasse

1. Rotes Betpolster aus Seide mit rundem Muster aus der Tang-Zeit
1987 im Famen-Kloster in Fufeng, Provinz Shaanxi, freigelegt. Zur Verzierung des Polsters wurden 0,1 mm feine Goldfäden verwendet.

2

3

4

5

6

7

2. Zhang Qian verabschiedet sich von Kaiser Wudi der Han-Dynastie vor seiner Reise nach den „Westlichen Gebieten".
Kopie einer tangzeitlichen Wandmalerei aus Grotte Nr. 323 der Mogao-Grotten in Dunhuang

3. Brokat aus der Östlichen Han-Dynastie (25-220)
Gefunden in den Ruinen bei Niya im Kreis Minfeng, Xinjiang (Museum des Uigurischen Autonomen Gebiets Xinjiang, Ürümqi)

4. Brokat mit Tiermustern aus der Nördlichen Liang-Dynastie (397-439)
Gefunden in Astana, Xinjiang (Museum des Uigurischen Autonomen Gebiets Xinjiang, Ürümqi)

5. Mit Vögeln, Schafen und Bäumen bemusterter Brokat aus der Tang-Dynastie
Gefunden in Astana (Museum des Uigurischen Autonomen Gebiets Xinjiang, Ürümqi)

6. Achtfarbiger Brokat mit Blumen und Vogelmustern, ein Meisterwerk der Tang-Zeit, freigelegt in Astana (Museum des Uigurischen Autonomen Gebiets Xinjiang, Ürümqi)

7. Brokat mit gestickten Buddhafiguren aus dem Jahr 487 (Nördliche Wei-Dynastie)
Freigelegt in Dunhuang (Forschungsinstitut für antike Kulturgegenstände, Dunhuang)

Der Ursprung der Seidenstrasse

DER Weg entstand, indem man ihn festtrat. Es geschah, als die Xianqin-Kultur in China und die Latènekultur in Europa während der Eisenzeit ihren Aufschwung erlebten. Aus dem Wüstenpfad entwickelte sich die berühmte Seidenstraße, die das Einzugsgebiet des Huanghe (Gelber Fluß) im Osten und das Mittelmeer im Westen verband. Diese den ganzen asiatischen Kontinent durchziehende antike Karawanenstraße nahm ihren Anfang in Chinas alter Hauptstadt Chang'an (dem heutigen Xi'an), verlief westwärts durch Shaanxi, Gansu und Xinjiang, erklomm das Pamir-Hochplateau, führte dann durch Zentral- und Westasien bis zur östlichen Küste des Mittelmeers und erstreckte sich schließlich nordwestwärts bis nach Rom, Venedig und anderen europäischen Städten. Ein weiterer Abschnitt verlief südwärts und schloß Südasien an den Handelsweg an. Durch die Seidenstraße war China mit Indien, dem Einzugsgebiet von Tigris und Euphrat und mit Ägypten verbunden, den Geburtsstätten der ältesten Kulturen der Erde, sowie mit dem antiken Griechenland und mit Rom. Sie war eine Straße freundschaftlicher, wirtschaftlicher und auch kultureller Kontakte zwischen China und zahlreichen fremden Ländern und schlug Brücken zwischen der östlichen und der westlichen Zivilisation. Seit alters übt die Seidenstraße mit ihren pittoresken Landschaften, den Ebenen, Hochplateaus, Wüsten und schneebedeckten Gipfeln unverminderten Reiz auf viele chinesische und ausländische Reisende aus.

Das „Land der Seide"

Vor langer, langer Zeit lebte ein junges Mädchen, das einen Schimmel besaß, der die Menschensprache verstand. Als sich ihr Vater eines Tages in Gefahr befand, bat das Mädchen den Schimmel, ihren Vater zu retten, und versprach ihm dafür, ihn zu heiraten. Nachdem der Schimmel den Vater sicher nach Hause gebracht hatte, wurde er von diesem erschossen. Der Vater hängte die Pferdehaut an einem Maulbeerbaum zum Trocknen auf. Als das Mädchen die Pferdehaut da hängen sah, wurde sie sehr traurig und wollte sie streicheln. Plötzlich wurde sie jedoch von der Haut hinaufgewirbelt und verwandelte sich in eine Seidenraupe, die einen Kokon aus einem wunderbar weißen und leichten Faden spann. Später erhielt das Mädchen den Namen Matou Niang und wurde als Seidenraupengöttin verehrt. Als die Xia-Sippe unter ihrem Häuptling Huang Di die Jiuli-Sippe besiegt hatte, und als man mit Gesang und Tanz den Sieg feierte, erschien — so wird erzählt — die Raupengöttin bei Huang Di und schenkte ihm einen Bund goldfarbiger und einen Bund schneeweißer Seidenfäden, die Huang Di zu Seidenstoff verarbeiten ließ. Die Legende belegt, daß dem chinesischen Volk schon in der Zeit der Yangshao-Kultur (etwa 5000-3000 v. Chr.) die Raupenzucht, das Spinnen von Seidenfäden und das Weben der Seide bekannt waren. Der historischen Überlieferung zufolge war Lei Zu, die legendäre Frau Huang Dis, eine geschickte Seidenspinnerin. Sie lehrte das Volk, Maulbeerbäume zu pflanzen, Seidenraupen zu züchten und Kleider herzustellen. Unter archäologischen Funden sind Seidenwaren keine Seltenheit. So wurden zum Beispiel in Qiansanyang im Kreis Wuxing (Provinz Zhejiang) über 4750 Jahre alte Seidenfäden, -bänder und -brokate mit einer Dichte von 48 × 48 Fäden pro Quadratzentimeter freigelegt. In einer 6000 Jahre alten Ruine am Caoxieshan-Berg im Kreis Wuxian (Provinz Jiangsu) fand man ein mit Raupenmustern bemaltes Tongefäß. Auch ein Trinkbecher aus Elfenbein, der in einer Ruine aus der Jungsteinzeit (um 5000 v. Chr.) in Hemudu (Provinz Zhejiang) freigelegt wurde, ist ebenfalls mit Seidenraupenmustern verziert. Darüber hinaus fand man im Dorf Xiyin im Kreis Xiaxian (Provinz Shanxi) einige 5000 Jahre alte Seidenraupenkokons. Diese Funde beweisen, daß man Seide schon zu Beginn der chinesischen Zivilisation im Einzugsgebiet des Huanghe und am Unterlauf des Changjiang (Yangtse) meisterhaft zu weben verstand.

Es ist davon auszugehen, daß die Zucht von Seidenraupen, die Abhaspelung des Seidenfadens und die Seidenweberei in China erfunden wurden. Das Wanderleben der Nomadenstämme und der Warenaustausch führten zu einer gegenseitigen Beeinflussung der östlichen und der westlichen Zivilisation, wobei der Handel mit Seide eine wichtige Rolle spielte. Der tönerne, *Li* genannte dreifüßige Kochtopf kam ursprünglich im Einzugsgebiet des Huanghe auf; aber solche Dreifüße wurden auch in Afghanistan, Pakistan, im Iran und Irak sowie in Sibirien gefunden. Andererseits zeigen Säbel mit Pferdekopfknauf und Pferdegeschirr aus der Shang-Zeit (16.-11. Jh. v. Chr.) Spuren zentral- und westasiatischer Kultur. Später kamen Glasröhren und -kugeln von der Mittelmeerküste bis nach Shaanxi, während Seide aus China nach dem Westen ausgeführt wurde. Bereits im 5. Jahrhundert v. Chr. gelangte Seide ins Altay-Gebiet. Ein im Süden Sibiriens, aus dem Grab eines Hunnen-Aristokraten gefundenes Sattelpolster aus Seide mit Phönixmuster belegt den hohen Stand kunsthandwerklicher Technik der Han-Nationalität schon in dieser frühen Zeit. Etwa im 4. Jahrhundert v. Chr. wurde Seide aus China in Europa bekannt und brachte China dort den Namen „Land der Seide" ein. Die Chinesen wurden von den Europäern „Seres", das Seidenvolk, genannt. Gewebe und Kleider aus Seide erfreuten sich in vielen Ländern Europas großer Beliebtheit. Gajus Julius Cäsar, Feldherr und Staatsmann Roms, war ein Seidenliebhaber. Als er einmal, in Seide gekleidet, ins Theater ging, zog er die Aufmerksamkeit aller Anwesenden auf sich. Viele Beamte und Standespersonen sowie ihre Frauen und Töchter wurden von einem Seidenfieber ergriffen. Damals wurde ein Pfund Seidenfäden gegen ein Pfund Gold aufgewogen. Zu jener Zeit hatte man in Europa weder Kenntnis der Seidenraupenzucht noch der Abhaspelung des Seidenfadens. Man glaubte, der Seidenfaden sei aus Baumblättern herausgezogen und mit Wasser durchtränkt oder werde aus dem Flaum von Pflanzen gesponnen. Vielerorts wurde der Maulbeerbaum „Goldbaum" genannt. Die Methoden der Seidenraupenzucht und des Abhaspelns der seidenen Fäden wurden erst im 4. Jahrhundert in Zentral- und Westasien, um die Mitte des 6. Jahrhunderts in Griechenland, im 12. Jahrhundert in Italien und erst nach dem 13. Jahrhundert in ganz Europa bekannt.

Der Transport chinesischer Seide nach dem Westen und der kulturelle Austausch zwischen Ost und West förderten die Freundschaft mit den Ländern, welche die Seidenstraße passierte. Im 19. Jahrhundert gab der deutsche Geograph Ferdinand Richthofen (1833-1905) der alten Karawanenstraße, die ihren Ausgang in Chang'an nahm und bis nach Rom reichte, den Namen „Seidenstraße", der dann sehr schnell populär wurde.

Zhang Qian — Pionier der Seidenstraße

Der Verkehr zwischen Ost und West kann also auf eine lange Geschichte zurückblicken. Historischen Aufzeichnungen zufolge bestieg Huang Di bei einer Inspektionsreise, die er nach der Vereinigung aller im Einzugsgebiet des Huanghe lebenden Sippen unternahm, das Kunlun-Gebirge im Westen Chinas, wo er sich eine Residenz bauen ließ. Long Lun, einer seiner Untergebenen, begab sich vom Osthang des Kunlun-Gebirges aus nach dem Pamir-Hochplateau, wo er von der ansässigen Bevölkerung zwölf Musikinstrumente aus Bambus geschenkt erhielt. Jedes dieser Musikinstrumente verfügte über eine bestimmte Tonlage und konnte Vogelstimmen nachahmen. Auch der Zhou-König Muwang (etwa 947-928 v. Chr.) besuchte das Kunlun-Gebiet. Er empfing dort Xi Wangmu, die Fürstin der noch auf der Stufe des Matriarchats lebenden einheimischen Stämme, und machte ihr verschiedene Seidengewebe und Bronzegegenstände zum Geschenk. Auf dem für die Fürstin abgehaltenen Festgelage war König Muwang heiterer Stimmung und improvisierte Gedichte, wobei Xi Wangmu ihn mit ihrem Gesang begleitete. Nach dem Gelage ließ der König einen Gedenkstein für Fürstin Xi errichten mit der Inschrift „Xi Wangmus Berg". Später bestieg er auch das Pamir-Plateau und pries es als das Dach der Welt. Während seiner Rückreise schenkte man ihm Pferde, Rinder, Schafe und Wein.

Auch vom Westen her bahnte man den Weg nach Osten. Der altpersische König Darius I. (522-486 v. Chr.) ließ eine „kaiserliche Straße" anlegen, die ihren Anfang in Ephesus im Westen

Der Ursprung der Seidenstrasse

Kleinasiens nahm und ostwärts durch die mesopotamische Ebene bis nach Susa (heute Schusch), der Hauptstadt seines Reiches, verlief. Auf seinen Befehl hin wurde auch eine Straße weiter in Richtung Osten gebaut. Sie führte von Babylon aus durch das Iran-Hochplateau bis zur Grenze Baktriens. An beiden Straßen wurden zahlreiche Poststationen errichtet. Alexander der Große (336-323 v. Chr.) zog mit seiner Armee von Athen aus über das Mittelmeer nach Ägypten und Syrien und führte später seine Streitkräfte über das Iran-Plateau hinweg bis nach Zentralasien und Indien. Seine Truppen erreichten sogar das Hindukusch-Gebirge in Afghanistan, von wo aus man das östlich gelegene Pamir-Plateau sehen kann.

Zweifellos gab es zwischen der Ost- und Westregion des Pamir schon in früher Zeit viele Reisende, keiner aber leistete zur Förderung der freundschaftlichen Kontakte zwischen China und den mittel- und westasiatischen Ländern und zum Transport von Chinas Seide nach dem Westen so entscheidende Beiträge wie Zhang Qian, der Gesandte der Regierung der Westlichen Han-Dynastie (206 v. Chr. - 8 n. Chr). Auf Befehl des Kaisers Wudi (141-87 v. Chr.) begab sich der damals etwa 25 Jahre alte Zhang Qian, ein Angehöriger der Han-Nationalität, mit einem aus über hundert Personen bestehenden Gefolge im Jahr 139 v. Chr. von Chang'an aus nach den „Westlichen Gebieten". Begleitet wurde er u. a. von Tang Yifu, dem Vertreter einer nationalen Minderheit, der ihm mit Armbrust und Köcher während der dreizehn Jahre dauernden Unternehmung treu zur Seite stand. Zhang Qian ritt mit seinem Troß den Weishui-Fluß entlang westwärts durch Longxi (heute Lintao, Provinz Gansu) und überquerte den Huanghe. Als er den Hexi-Korridor erreichte, wurde er von dort lebenden Hunnen gefangengenommen. Allen Verlockungen zur Kollaboration gegenüber zeigte er sich standhaft und hielt unbeugsam am Auftrag seines Herrschers fest. Nachdem er mehr als zehn Jahre lang von den Hunnen festgehalten worden war, gelang ihm die Flucht. Mit Tang Yifu und dem Rest seiner Begleiter begab sich Zhang Qian weiter nach Westen, zog durch Dayuan (das heute zur Sowjetunion gehörige Fergana) und Kangju im Gebiet zwischen dem Balchasch- und dem Aralsee, bis er nach vielen Unbilden Darouzhi (Baktrien) im mittleren und südlichen Abschnitt des Amu-Darja-Gebiets erreichte. Die Bewohner beider Regionen stammten aus Dunhuang und dem Gebiet des Qilian-Gebirges (heute Provinz Gansu) und waren wegen der Verfolgung durch die Hunnen hierher übergesiedelt. Die wichtigste Aufgabe der Westreise Zhang Qians bestand darin, diese einst der Han-Herrschaft angehörigen Volksgruppen zur Heimkehr zu überreden, um vereint gegen die Hunnen zu kämpfen. Dieses politische Ziel erreichte Zhang Qian zwar nicht, er und seine Begleiter aber wurden während des über einjährigen Aufenthalts äußerst freundschaftlich behandelt. Dann kehrte er entlang dem Südrand des Tarim-Beckens über Qinghai nach Chang'an zurück. Unterwegs wurde Zhang Qian ein weiteres Mal von den Hunnen über ein Jahr lang aufgehalten. Erst als im Jahr 126 v. Chr. innenpolitische Unruhen ausbrachen, konnte er mit Tang Yifu nach Chang'an zurückkehren.

Sieben Jahre später wurde Zhang Qian erneut nach den „Westlichen Gebieten" entsandt. Diesmal bestand sein Troß aus dreihundert Mitreisenden. Für jeden waren zwei Pferde bereitgestellt, außerdem wurden Zehntausende Rinder und Schafe mitgeführt sowie Seidenwaren u. a. in großer Menge. Noch im gleichen Jahr traf Zhang Qian im Königreich Wusun im Einzugsgebiet des Ili und am Oberlauf des Chuhe ein, wo er von der Bevölkerung, die ebenfalls hierher übergesiedelt war, aufs herzlichste begrüßt wurde. Von Wusun aus schickte Zhang Qian Abgesandte nach Dayuan, Kangju, Darouzhi, Daxia, Parthia (dem heutigen Iran) und nach Shendu (heute Indien). Mit seinen beiden Reisen durch die „Westlichen Gebiete" leistete Zhang Qian einen wichtigen Beitrag zum gegenseitigen Verständnis zwischen China und den „Westlichen Ländern". Als erster Gesandter der Han-Regierung fand er in diesen Ländern hohe Anerkennung. In Daxia erreichte ihn eine Einladung des Königs von Parthia, der er jedoch aus Zeitmangel nicht Folge leisten konnte. Als der von ihm beauftragte Gesandte nach Parthia kam, wurde er an der Grenze von zwanzigtausend Kavalleristen begrüßt.

Mit Zhang Qians beiden Reisen entstand zwischen dem Einzugsgebiet des Huanghe und dem Mittelmeer eine antike Straße. In den folgenden Jahren schickte Kaiser Wudi jährlich fünf bis zwölf Gesandtschaften, die oft mehrere hundert Personen umfaßten, mit reichen Geschenken, die vorzugsweise aus Seide bestanden, in die „Westlichen Gebiete". Jedesmal, wenn die Beauftragten Wudis in diesen Ländern eintrafen, ließen die Gastgeber ihre Gäste nach der Hauptstadt Chang'an zurückbegleiten. Bald schlossen sich Handelsleute den kaiserlichen Gesandtschaften an. So wurde in der Geschichte des Verkehrs zwischen Ost und West ein neues Kapitel aufgeschlagen.

Seit 121 v. Chr. war der Hexi-Korridor in vier Präfekturen unterteilt — Wuwei, Jiuquan, Zhangye und Dunhuang. Gleichzeitig wurde die Große Mauer auf einer Länge von etwa 6000 km westwärts bis zum Lopnor ausgebaut. An der Mauer wurden in regelmäßigen Abständen Signaltürme errichtet, auf denen bei feindlichen Angriffen Warnfeuer entzündet wurden. Auf diese Weise wurde der Verkehr gesichert. Während der Westlichen Han-Dynastie wurde auch ein übergeordnetes Verwaltungsamt namens Xiyu für die Angelegenheiten der westlichen Gebiete China installiert, und fünfzig örtliche Regierungen in den Gebieten nördlich und südlich des Tianshan-Massivs wurden damit der einheitlichen Verwaltung der Zentralregierung unterstellt.

Nachfolger Zhang Qians

Dem Beispiel Zhang Qians folgend reisten in den nächsten Jahrhunderten viele Angehörige der Han-Nationalität, nationaler Minderheiten und Ausländer die Seidenstraße entlang. Überliefert ist beispielsweise die Reise des Han-Offiziers Ban Chao, der seit seiner Kindheit Zhang Qian bewunderte und der sich im Jahr 73 mit seiner Begleitung die Seidenstraße entlang in die „Westlichen Gebiete" begab, wo er sich dreißig Jahre lang aufhielt und mit den Bewohnern des Westens Freud und Leid teilte. Im Jahr 76 rief ihn ein Befehl des Kaisers nach Luoyang zurück. Aus Enttäuschung darüber, Ban Chao nicht zurückhalten zu können, nahm sich Li Yan, der Gouverneur in Shule (heute Kashi), das Leben. Auch die Bevölkerung des Gebiets Yutian (heute Hotan) sah Ban Chao nur höchst ungern ziehen und umschlang weinend die Füße seines Pferdes. Erst im Jahr 102 gelangte Ban Chao, einundsiebzigjährig, nach Luoyang zurück. Fünf Jahre zuvor hatte er seinen Begleiter Gan Ying auf eine Reise ins Römische Reich entsandt. Aber dieser konnte sein Ziel nicht erreichen. Nachdem er Parthia durchquert hatte, versperrte ihm der Persische Golf den Weg nach Westen. Unverrichteterdinge mußte er den Rückweg antreten.

Im 7. Jahrhundert, zur Zeit der Tang-Dynastie, gelangte der bekannte Buddhist Xuan Zang nach Indien, nachdem er viele Gefahren in den Wüstengebieten von Gansu und Xinjiang und die sieben Tage dauernde, von unbeschreiblichen Strapazen gekennzeichnete Überquerung der schneebedeckten Tianshan-Kette überstanden sowie insgesamt über 25 000 Kilometer zurückgelegt hatte. Aus Indien brachte er Kopien von mehr als 600 buddhistischen Schriften in die Heimat mit. Sein mündlich erstatteter Reisebericht wurde unter dem Titel „Reise nach dem Westen während der Tang-Dynastie" aufgezeichnet und liefert wertvolles Material für die Geschichtsforschung und für geographische Studien. Zugleich ist dieser Reisebericht auch literarisch ein Meisterwerk. In der zweiten Hälfte des 19. Jahrhunderts wurde das Werk ins Englische und Französische übersetzt.

In der zweiten Hälfte des 13. Jahrhunderts trat der siebzehnjährige Marco Polo, Sohn einer venezianischen Kaufmannsfamilie, von seiner Heimatstadt aus die berühmte Reise nach China an. Vier Jahre später erreichte er Shangdu (westlich des heutigen Kreises Duolun, Innere Mongolei) und traf kurze Zeit darauf in Dadu (dem heutigen Beijing) ein. Während seines 17-jährigen Aufenthalts in China durchreiste er das Land inner- und außerhalb der Großen Mauer sowie südlich und nördlich des Changjiang. Im Jahre 1292 verließ er China und erreichte drei Jahre später seine Heimat. 1298 wurde Marco Polo in einer Seeschlacht zwischen den beiden

8

9

8. Figur eines Reisenden mit einem Kamel aus dreifarbigem Ton, Tang-Zeit (Provinzmuseum von Shaanxi, Xi'an)

9. Reiter aus den „Westlichen Gebieten"
Statuette aus dreifarbigem Ton aus der Tang-Zeit, freigelegt in Xi'an (Verwaltungsbüro für antike Kulturgegenstände der Stadt Xi'an)

10

11

10. Die Karawane
Eine Auslegung der Punya-Sutra. Malerei in Grotte Nr. 296 der Mogao-Grotten aus der Nördlichen Zhou-Zeit (577-581)

11. Eine persische Silbermünze, eine römische und zwei arabische Goldmünzen
Gefunden in Xi'an und Umgebung (Provinzmuseum von Shaanxi, Xi'an)

12. Darstellung eines Tanzes
Malerei aus der Tang-Zeit in der Yulin-Grotte Nr. 25

13. Musikantengruppe
Malerei in Grotte Nr. 220 der Mogao-Grotten aus der Frühzeit der Tang-Dynastie (618-907)

12

13

Der Ursprung der Seidenstrasse

Stadtstaaten Venedig und Genua verwundet und geriet in Gefangenschaft. In einem genuesischen Gefängnis diktierte er einem französischen Mitgefangenen namens Rusticiano da Pisa seinen Reisebericht. Da Pisa gab den Erzählungen Marco Polos den Titel „Wunder des Ostens". Später wurde das Werk in „Die Reisen des Venezianers Marco Polo" umbenannt. Das Buch übte großen Einfluß auf die geographischen Vorstellungen des 14. und 15. Jahrhunderts aus und wirkte durch seine Angaben über die Reichtümer des Ostens entscheidend auf das Zeitalter der Entdekkungen ein. Im 15. Jahrhundert wurde der italienische Seefahrer Christoph Kolumbus durch Marco Polos Reisebericht zu seinen abenteuerlichen Entdeckungsreisen in westlicher Richtung angeregt. Auf seiner ersten Reise, die ihn eigentlich nach Asien hätte führen sollen, entdeckte er wider Erwarten den amerikanischen Kontinent.

Unter den Reisenden auf der Seidenstraße befinden sich viele bekannte Persönlichkeiten, so zum Beispiel ein parthischer Prinz, im Chinesischen An Shi Gao genannt, der im zweiten Jahrhundert nach Luoyang gelangte; der Mönch Zhu Shixing, der während der Zeit der Drei Reiche (220-265) als erster zum Studium des Buddhismus nach den „Westlichen Gebieten" zog; der im 4. und 5. Jahrhundert als Übersetzer buddhistischer Schriften bekannt gewordene Kumarajiva; der Mönch Fa Xian (etwa 334-422), der sich in seinem 65. Lebensjahr von Chang'an aus nach Indien begab und erst dreizehn Jahre später wieder heimkehrte; ferner einige indische Mönche, die von Konstantinopel (Istanbul) aus nach Xinjiang gelangten und aus China Seidenraupeneier und Maulbeerbaumsamen ins Oströmische Reich mitnahmen. Daneben benutzten auch Kaufleute, Handwerker, Hirten, Soldaten, Künstler und Pilger in wachsender Zahl diesen Überlandweg.

Wie erwähnt nahm in der Han-Dynastie die Seidenstraße in Chang'an ihren Anfang, verlief dann westwärts den Weihe-Fluß entlang durch den Hexi-Korridor bis Dunhuang, wo sie sich in eine südliche und nördliche Route teilte. Der Südabschnitt führte von Dunhuang aus südwestwärts durch den Yangguan-Paß bis nach Loulan (heute Miran nordöstlich von Qarklik), zog sich dann am Nordhang des Kunlun-Gebirges entlang in westlicher Richtung durch Yutian (heute Hotan) und Yarkant über das Pamir-Hochland bis nach Darouzhi und Parthia, von wo aus man zum Persischen Golf und ins Römische Reich gelangte. Die nördliche Route verlief von Dunhuang aus in nordwestlicher Richtung durch den Yumen-Paß bis nach Turpan, dann am Südhang des Tianshan entlang durch das Gebiet der heutigen Städte Kuqa und Kashi, kreuzte den Pamir, berührte Fergana, Kangju und Yancai (heute zwischen dem Kaspischen Meer und dem Aralsee gelegen) und führte von dort aus südwestwärts durch Parthia bis ins Römische Reich. Während der Han-Dynastie führte eine weitere Straße von Hami aus am Nordrand des Tianshan-Gebirges entlang nach Fergana und Kangju, die sich später zu einer neuen nördlichen Seidenstraße entwickelte. Sie ging von Dunhuang aus durch Yiwu (heute Hami), über den Pulei-See (heute Barkol-See) und den Beiliu-Fluß (heute die Flüsse Ili und Chuhe) bis ins Oströmische Reich und zum Mittelmeer.

Der wirtschaftliche und kulturelle Austausch zwischen Ost und West

Die an der Seidenstraße gelegenen westlichen und östlichen Länder wurden durch den wirtschaftlichen und kulturellen Austausch, den der Landweg mit sich brachte, aufs engste miteinander verbunden. Über die Seidenstraße kam chinesische Seide in ununterbrochenem Strom nach dem Westen. In Zentralasien, im Iran, in Syrien, in den Küstenländern des Mittelmeers und in Italien wurden Fragmente von Seidenstoffen aus der Han- wie auch aus der Tang-Zeit freigelegt. Eisen- und Stahlwaren aus China wurden ebenfalls schon während der Han-Dynastie bis nach Rom gebracht. Das Stahlschmelzen wurde durch die Abgesandten der Han-Kaiser in Fergana bekannt gemacht. Auch das Brunnenbohren lernte Fergana von China. Daneben wurde die Kultivierung von Pfirsichen und Birnen aus China an fremde Länder weitergegeben. Die Papierherstellung, eine der vier großen Erfindungen Chinas, verbreitete sich schon im 3. Jahrhundert in den „Westlichen Gebieten". Im 8. Jahrhundert erlernten die Araber dieses Herstellungsverfahren, das etwa Anfang des 10. Jahrhunderts in Ägypten und schließlich im 12. Jahrhundert auch in Europa bekannt wurde. Chinas Seide und Chinas Papier übten auf das materielle und kulturelle Leben der „Westlichen Gebiete" großen Einfluß aus.

Zu jener Zeit kamen aber auch Produkte der „Westlichen Gebiete" nach China: Weintrauben, Granatäpfel, Walnüsse, Sesam, Koriander, Spinat und vieles andere. Nachdem Fergana-Pferde in China eingeführt waren, wurde auf dem Palastgelände in Chang'an Luzerne angebaut. Auch Löwen und Strauße wurden in China bekannt. Um die Wende des 1. Jahrhunderts verbreitete sich von der Seidenstraße aus der Buddhismus in China. Später gelangten auf diesem Weg die Lehren Zarathustras, des Manichäismus und des Nestorianertums sowie der Islam ins Land und fanden Anhänger unter den Chinesen. Die Gandhara-Kunst vermittelte der chinesischen Skulptur, Malerei und Architektur neue Impulse. Der kulturelle Austausch zwischen Ost und West förderte auch die Entwicklung der Astronomie, des Kalendersystems, der Mathematik und der Medizin. Musik und Musikinstrumente aus Zentral- und Westasien spielten eine bedeutende Rolle bei der Herausbildung der chinesischen Musik in der Han-Periode.

Chinas alte Kultur wurde von allen Nationalitäten des Landes gemeinsam geschaffen, sie hat aber durch Assimilation auch wertvolle Elemente von ausländischen Kulturen übernommen. Musikstücke, die Zhang Qian aus den „Westlichen Gebieten" nach Chang'an mitgebracht hatte, wurden von den Hofmusikern der Han-Dynastie zu einer 28teiligen Suite erweitert. In der Tang-Zeit entwickelte sich die Musik zu zehn Stilarten weiter, von denen acht aus den nationalen Minderheiten Nordwestchinas oder aus dem Ausland stammten. „Das Kleid aus feiner Gaze" aus der Tang-Dynastie ist ein bekanntes Beispiel für die Aufnahme westlicher Stilelemente in die östliche Musik. Berühmte Musiker wie Cao Shancai, Bai Mingda, Mi Jiarong, Kang Kunlun und An Wanshan stammen entweder selber aus den „Westlichen Gebieten" oder waren Abkömmlinge dortiger Volksgruppen. Während der Tang-Zeit waren in Chang'an und in Luoyang häufig Musik der nationalen Minderheiten wie auch musikalische Darbietungen aus fremden Ländern zu hören.

In der Tang-Dynastie (618-907) erlebte die Seidenstraße ihre Blütezeit. Der wirtschaftliche und kulturelle Austausch zwischen China und dem Ausland nahm einen imponierenden Aufschwung. Da die wirtschaftlich hoch entwickelte Tang-Dynastie eine Politik der Öffnung nach außen verfolgte, konnte sich die Kultur Chinas durch die Aufnahme der besten Güter ausländischer Kulturen sprunghaft entwickeln. Chang'an, die Hauptstadt der Tang-Dynastie, wurde zu einem Zentrum des kulturellen Austausches zwischen Ost und West. Hier versammelten sich in großer Zahl Abgesandte und Delegationen aus Japan, dem Oströmischen Reich, sowie aus anderen Ländern. Araber, Perser, Koreaner und Japaner wurden sogar zu Beamten der Tang-Dynastie ernannt. Zahlreiche ausländische Studenten, Mönche und Kaufleute lebten hier oft über Jahre. Händler aus Zentralasien — Juweliere und Seidenhändler — unterhielten hier ihre Geschäfte, während Kleinhändler aus den „Westlichen Gebieten" Imbiß- und Weinstuben betrieben. Die Akrobatik und der Zirkus aus dem Mittelmeerraum, das Polospiel aus Persien sowie die exotischen Lieder und Tänze des Westens erfreuten sich großer Beliebtheit bei der Oberschicht wie unter der Bevölkerung. Die Übersetzung der buddhistischen Schriften ins Chinesische förderte die Entwicklung der Reimdichtung in jener Zeit. Bekannte Maler wie Wu Daozi und Yuchi Yise eigneten sich durch die Aufnahme ausländischer Ausdrucksmittel einen neuen Stil an und erwarben sich großen Ruhm. Ihre Werke sind in den Dunhuang-Grotten noch heute zu sehen. Manche buddhistische Schriften aus China wurden in Indien und Japan verbreitet.

Obwohl die Seidenstraße mit ihrem regen Verkehr der Vergangenheit angehört, erregt sie dennoch als Symbol des freundschaftlichen Austausches zwischen China und dem Ausland unvermindert großes Interesse.

T2
T3
TII

2

Xi'an
—der Beginn
der Seidenstrasse

14. Krieger in Schlachtordnung
Keramikfiguren aus der Qin-Dynastie (221-207 v. Chr.) aus dem Grab des ersten Kaisers der Qin-Dynastie Qin Shihuang

15

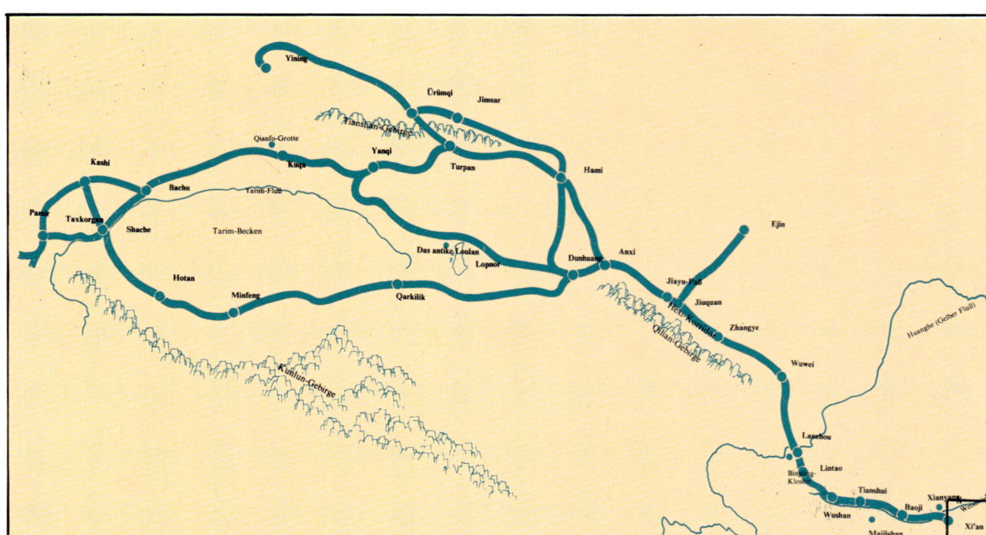

15.Xi'an, im Altertum Chang'an genannt, war in der Han- und Tang-Zeit das politische, wirtschaftliche und kulturelle Zentrum Chinas und wetteiferte mit den Metropolen Rom und Istanbul. Das Foto zeigt den 1348 errichteten Glockenturm im Stadtzentrum.

16

17

16. Die „Große Wildganspagode" wurde 652 zur Aufbewahrung der von Xuan Zang aus Indien mitgebrachten buddhistischen Schriften angelegt. Dieser sechsstöckige Bau ist 64 Meter hoch.

17. Die 45 Meter hohe „Kleine Wildganspagode" wurde 707 errichtet.

18

19

20

19

18. Darstellung der Hanyuan-Halle des Daming-Palastes aus der Tang-Zeit (Rekonstruktion)
Die Hanyuan-Halle, 662 erbaut, war noch prächtiger als die Taihe-Halle des Kaiserpalastes in Beijing. Sie war das politische Zentrum der Tang-Dynastie und der Schauplatz der kaiserlichen Zeremonien.

19. Das Huaqing-Thermalbad am Fuß des Lishan-Berges östlich von Xi'an ist durch seine Heilquelle bekannt. Im 18. Regierungsjahr (644) des Tang-Kaisers Taizong wurde hier der Wenquan-Palast gebaut, der später den Namen Huaqing erhielt. Nach der Gründung des neuen China wurden an Stelle des zerstörten Palastes das Neundrachen-Quellenbad und andere palastartige Bauten inmitten üppiger Grünanlagen errichtet.

20. Der Xingqing-Park wurde auf den Ruinen des gleichnamigen Palastes der Tang-Zeit angelegt. Das Foto zeigt den Chenxiang-Pavillon, dessen Name aus der Tang-Zeit übernommen wurde. Der Überlieferung nach bewunderte hier Kaiser Xuanzong mit seiner Konkubine Yang Yuhuan die Päonienblüte.

Xi'an — der Beginn der Seidenstrasse

XI'AN, im Altertum Chang'an genannt, befindet sich im Nordwesten Chinas und ist heute die Hauptstadt der Provinz Shaanxi. Neben Beijing, Luoyang und Nanjing zählt Xi'an zu den vier bekanntesten antiken Städten des Landes. Seit dem 11. Jahrhundert v. Chr. hatten hier elf Dynastien, über 1100 Jahre hinweg, ihren Regierungssitz. In der Westlichen Han-, der Sui- und der Tang-Dynastie war Chang'an das politische, wirtschaftliche und kulturelle Zentrum des Reiches. Die alte Seidenstraße, durch die Asien mit Europa verbunden war, nahm hier ihren Anfang.

Chang'an in der Antike

Xi'an liegt in der Weishui-Ebene im Einzugsgebiet des Huanghe. Da hier mildes Klima herrscht und fruchtbares Ackerland vorhanden ist, wurde die Gegend zu einem der Ursprungsorte der altchinesischen Kultur. Schon vor 6000 Jahren siedelten hier Vorfahren der chinesischen Nation.

Im 3. Jahrhundert v. Chr. errichtete die Qin-Dynastie (221-207 v. Chr.), der erste zentralisierte Feudalstaat Chinas, ihren Regierungssitz in Xianyang bei Xi'an. Damals wurde die chinesische Kultur über verschiedene Wege in weiten Teilen Süd- und Westasiens verbreitet, so daß viele Menschen Kunde von jenem Land erhielten, das sie als Sino oder Zhina bezeichneten. Kurz nach dem Tod des Qin-Kaisers Shihuang wurde die Qin-Dynastie auf Grund scharfer innergesellschaftlicher Widersprüche durch einen Bauernaufstand, die erste gewaltige Aufstandsbewegung in der Geschichte Chinas, gestürzt und die sich neu etablierende Westliche Han-Dynastie gegründet.

Die Westliche Han-Dynastie übernahm alle staatlichen Einrichtungen der Qin-Zeit und herrschte in China mehr als zweihundert Jahre lang. Infolge einer stabilen Politik, der raschen Entwicklung der Wirtschaft und der allgemeinen Stärkung des Landes entwickelte sich Chang'an rasch zu einer Großstadt mit einer in die Hunderttausende zählenden Bevölkerung und wetteiferte mit Rom und Istanbul in seiner Größe und Pracht.

Die Ruinen der Stadtmauer Chang'ans aus der Westlichen Han-Dynastie liegen drei Kilometer von der heutigen Stadt Xi'an entfernt. Die rechteckige, 26 Kilometer lange Stadtmauer wurde um 194 v. Chr. in einem Zeitraum von nur fünf Jahren errichtet. Die aus gestampfter Erde bestehende Mauer war hoch und fest und bot der Stadt lange Zeit sicheren Schutz. In der Innenstadt gab es viele berühmte Paläste wie den Changle-, Weiyang-, Bei-, Gui-, Mingguang- und Jianzhang-Palast sowie Pavillons und Hallen. Die prächtigen Palastbauten wurden in den Kriegen, die der Han-Dynastie folgten, zerstört. Im Südwesten der antiken Stadtanlage ist eine über zehn Meter hohe riesige Plattform aus gestampfter Erde erhalten, das Fundament des Weiyang-Palastes. Ringsumher liegen zahlreich die Reste zertrümmerter Dachziegel verstreut. Anhand von Rekonstruktionen läßt sich eine Vorstellung von der Pracht des Palastes gewinnen. Der Weiyang-Palast wurde im Jahr 199 v. Chr. errichtet und bestand aus mehr als 40 Pavillons und Hallen. Hier befand sich in der Westlichen Han-Dynastie das politische Zentrum des Landes. In den Jahren 139 und 119 v. Chr. brach von hier aus Zhang Qian auf Befehl Kaisers Wudi nach den „Westlichen Gebieten" auf. Und hier berichtete er dem Kaiser jedesmal nach seiner Rückkehr über die Ergebnisse seiner diplomatischen Missionen und über die Wunder und Schrecknisse der Westländer.

Seit dieser Zeit war Chang'an das Zentrum der freundschaftlichen Kontakte zwischen China und den westlichen Ländern. Abgesandte der Han-Dynastie begaben sich von Chang'an aus nach Parthia (dem heutigen Iran), nach Yancai (heute zwischen dem Kaspischen Meer und dem Aralsee), dem Römischen Reich, dem Persischen Golf und nach Shendu (heute Indien). Bei ihrer Rückkehr brachten sie Botschaften, Geschenke und Abgesandte aus den besuchten Ländern mit nach Chang'an, wie beispielsweise die Beauftragten des Königs von Parthia, die dem Kaiser der Han-Dynastie Straußeneier und Magier zum Geschenk anboten.

Mit der Entwicklung der Beziehungen zwischen China und den Westländern gelangten chinesische Seide, Lackwaren, Bambusarbeiten und Gold in weite Teile Zentral-, West- und Südasiens. Zugleich kamen aber auch wertvolle ausländische Produkte, Tiere und Gewächse nach Chang'an. Im Palast wurden Pferde aus Dayuan (das heute zur Sowjetunion gehörige Fergana) gezüchtet, und im Shanglin-Kaisergarten waren Elefanten, Löwen, Strauße und Nashörner zu sehen. Weintrauben, Sesam, Walnüsse, Saubohnen und andere Nutzpflanzen wurden nach Chang'an gebracht und in

China heimisch gemacht. Auf die militärische Stabilität der Han-Dynastie wirkte sich vor allem die Einfuhr großer Mengen von Pferden aus den „Westlichen Gebieten" aus.
Mit der Ausweitung der internationalen Kontakte durch die Westliche Han-Dynastie kamen immer mehr Ausländer nach Chang'an. Aus diesem Grund schuf die Zentralregierung ein Amt zur Aufnahme und Betreuung der ausländischen Gäste. Ausländische Gesandtschaften und Kaufleute wohnten in eigens für sie errichteten Gästehäusern. Botschafter anderer Länder wurden von den Regierungsorganen herzlich begrüßt und erhielten zahlreiche Geschenke. Auch war es ihnen erlaubt, den Kaiser bei Jagdausflügen zu begleiten.
Im Jahr 8 n. Chr. wurde die Westliche Han-Dynastie gestürzt und Chang'an in den damit einhergehenden Kriegswirren zerstört, so daß die Zahl der Haushalte in der Stadt auf unter hundert sank.

Chang'an in der Tang-Dynastie

Im Jahr 581 einigte Yang Jian ganz China und regierte als Kaiser Wendi der Sui-Dynastie. Südöstlich des hanzeitlichen Chang'an wurde eine neue Stadt namens Daxing angelegt, die während der Tang-Zeit weiter ausgebaut und wieder in Chang'an umbenannt wurde. Das neue Chang'an umfaßte das Stadtgebiet wie auch die Vororte des heutigen Xi'an und war siebeneinhalbmal so groß wie das Stadtgebiet des heutigen Xi'an. Die Stadt besaß eine 35,5 Kilometer lange Stadtmauer und etwa eine Million Einwohner.

Das Chang'an der Tang-Zeit war dreigeteilt. Es setzte sich aus der Palaststadt mit der kaiserlichen Residenz im Norden, der Behörden-Palaststadt und Regierungsstadt im Süden und der Außenstadt mit den Handels- und Wohnvierteln zusammen. Die Außenstadt, östlich, südlich und westlich der Palast- und Regierungsstadt gelegen, erstreckte sich von Osten nach Westen über 9,5 Kilometer und von Süden nach Norden über 8,4 Kilometer. Sie umfaßte hundertzehn Wohnviertel und zwei Handelsgebiete, die um einen Ost- und einen Westmarkt angeordnet waren. Die zentrale 150 Meter breite Süd-Nord-Straße bildete die Mittelachse der Stadt. Mit seinen breiten, schnurgeraden Straßen sah Chang'an wie ein Schachbrett aus. Bai Juyi, der berühmte Dichter der Tang-Zeit, beschrieb treffend den Eindruck der Stadt: „Tausende Heimstätten über ein Schachbrett verstreut; zwölf schnurgerade Straßen wie Gemüsepflanzen ausgerichtet."
In der frühen Tang-Zeit gab es in Chang'an nur einen einzigen Kaiserpalast, den Taiji-Palast, der noch aus der Sui-Zeit stammte. 634 ließ der Tang-Kaiser Taizong in Longshouyuan, nordöstlich des Taiji-Palastes, für seinen Vater den Yong'an-Palast bauen, der ein Jahr später den Namen Daming-Palast erhielt. 662 wurde der Daming-Palast durch Kaiser Gaozong ausgebaut. Seitdem führten alle Kaiser der Tang-Dynastie von hier aus ihre Staatsgeschäfte. Die Ruine des Daming-Palastes liegt im Nordosten des heutigen Xi'an. Schon von weitem ist eine hohe Plattform aus gestampfter Erde zu sehen — das Fundament der Hanyuan-Halle, der wichtigsten Halle im Daming-Palast.

Das Fundament ist 75 Meter lang und 42,3 Meter breit. Von beiden Seiten der Halle führten Wandelgänge zum Qifeng-Pavillon im Westen und zum Xiangluan-Pavillon im Osten. Fünfzig Jahre später ließ Kaiser Xuanzong einen weiteren Palast, den Xingqing-Palast, bauen, in dem er mit seiner Favoritin Yang Yuhuan lange Zeit ein Leben in Üppigkeit und Luxus führte. Inzwischen wurde auf dem Gelände des ehemaligen Xingqing-Palasts ein Park angelegt, in dem Wasserpavillons in tangzeitlichem Stil zum Verweilen im Schatten der Bäume einladen.
Das Chang'an der Sui- und der Tang-Zeit war in Chinas Geschichte eine der ersten Großstädte, die nach einem System einheitlicher Planung angelegt wurde. Die Arbeit lag in den Händen der beiden berühmten Architekten Yu Wenkai aus der Sui-Zeit und Yan Lide aus der Tang-Zeit. Bei der Planung und der Ausführung der Stadt stützten sie sich auf die traditionellen Erfahrungen der altchinesischen Städtebauer, entwickelten diese weiter und übten durch ihre Projektierung sowie durch die strenge Gliederung der Anlage großen Einfluß auf den Städtebau in China und in dessen Nachbarländern aus. Zwei japanische Hauptstädte, Heijyokyo im heutigen Nara (gegründet 710) und Heiankyo im heutigen Kyoto (gegründet 794), wurden dem Chang'an-Modell nachgebaut.

Weltstadt Chang'an

Während der Tang-Dynastie erlebte Chinas feudale Gesellschaft ihre Blütezeit. Damals

Xi'an — der Beginn der Seidenstrasse

unterhielten über dreihundert Länder und Regionen freundschaftliche Beziehungen zum chinesischen Reich. In den Jahren 643, 667, 701 und 719 schickte das Oströmische Reich Abgesandte nach Chang'an, um dem Kaiser der Tang-Dynastie unter anderem rote Gläser, Löwen und Gazellen zum Geschenk zu machen. Die Tang-Dynastie antwortete mit großzügigen Gegengaben an Seide und Satinstoffen. In Chang'an gab es spezielle Einrichtungen zur Aufnahme des ständig anwachsenden Stroms ausländischer Gäste, unter denen sich Abgesandte, Mönche, Gelehrte, Künstler, Handwerker und Kaufleute aus fast allen Ländern Zentral-, West-, Süd- und Südostasiens befanden. Die meisten ausländischen Kaufleute hielten sich im Gebiet des Westmarkts auf und betrieben dort Juwelen-, Aromastoff-, Arznei- und Kunsthandwerksgeschäfte. Manche von ihnen unterhielten auch Weinstuben. Li Bai, ein bedeutender Dichter der Tang-Zeit, schrieb darüber: „Winken die hübschen fremdländischen Serviererinnen sie mit ihren weißen Händen herbei, so blicken tief ins Glas die Gäste." Oft wurden Theaterstücke aus den „Westlichen Gebieten" hier aufgeführt. Wahrscheinlich stellte der Westmarkt das Zentrum des Seidenhandels dar.

In der Tang-Zeit war der Buddhismus sehr populär. Damals pilgerten chinesische Mönche die Seidenstraße entlang und zogen durch Zentralasien nach Indien. Ebenso viele Mönche aus Indien und Zentralasien kamen nach Chang'an. Sie hielten sich in den zahlreichen buddhistischen Tempeln der Stadt wie dem Xingshan-, Ci'en-, Jianfu- und Changfu-Tempel auf, wo sie die Sutren auslegten und buddhistische Texte aus dem Sanskrit ins Chinesische übersetzten. Daneben gab es in Chang'an auch Tempel des zoroastrischen Feuerkults und Gotteshäuser der Nestorianer und Manichäer. Das Nestorianertum war eine christliche Sekte, deren Gründer Nestorius im Verlauf kirchenpolitischer Auseinandersetzungen 431 als Häretiker gebrandmarkt wurde. Seine Anhänger flüchteten nach Persien, wo sie die Unterstützung des persischen Königs fanden und gegen Ende des 5. Jahrhunderts eine unabhängige Kirche gründeten. 635 kam Alopon, ein nestorianischer Mönch, aus Persien nach China, um in Chang'an Mission zu betreiben und eine Kirche aufzubauen. Im Provinzmuseum von Shaanxi in Xi'an ist ein „Gedenkstein zur Erinnerung an die Verbreitung des Nestorianertums aus dem Römischen Reich in China" aufbewahrt. Die Steintafel stammt aus dem Jahr 781. Die darauf eingravierten chinesischen Schriftzeichen geben Aufschluß über die Verbreitung der Sekte in China. Auf dem unteren Teil des Steins wird in antiken syrischen Schriftzeichen auf den griechischen Mondkalender und die Person, die die Steintafel errichten ließ, hingewiesen. Die Tafel ist ein bedeutendes Dokument für die Untersuchung des antiken Verkehrs zwischen Ost und West und für die Religionsgeschichte.

In der Tang-Zeit lebten viele Perser in Chang'an. Einer ihrer wichtigsten Vertreter war ein Kronprinz der persischen Sassaniden. Mitte des 7. Jahrhunderts wurden die Sassaniden durch die Araber gestürzt. Der Prinz suchte bei den Tang Zuflucht und wurde vom Herrscher freundlich aufgenommen. Mit dem Rang eines Generals bekleidet, fand er Aufnahme in die Kreise der höfischen Aristokratie. Später starb er in Chang'an. Sein Gefolge ließ sich auf Dauer in China nieder. 1955 wurde in Xi'an ein Grabstein mit eingemeißelten chinesischen und altpersischen Inschriften aus der Zeit der Sassaniden freigelegt. Aus dem Text geht hervor, daß die Bestattete, mit Familiennamen Ma (gest. 874), die Frau von Su Liang, einem in China lebenden Aristokraten aus Persien, war.

Da die Tang-Dynastie die Verbreitung ausländischer Kultur in China förderte, wurde Chang'an zu einem Zentrum des kulturellen Austauschs zwischen Ost und West. Ausländische Musik und Tanz waren in Chang'an sehr verbreitet. Im Kaiserpalast entwickelte man daraus die „Musik in zehn Stilen". Dichter der Tang-Zeit haben zahllose Gedichte hinterlassen, die die Tänze des Auslands preisen. Durch die Fortsetzung und Weiterentfaltung der eigenen nationalen Traditionen unter Aufnahme ausländischer künstlerischer Elemente eignete sich auch die Malerei der Tang-Zeit einen neuen eigenschöpferischen Stil an und wirkte nachhaltig auf die chinesische Malerei der nachfolgenden Jahrhunderte ein.

Die aufblühende Kultur der Tang-Zeit fand weite Verbreitung und war von tiefgreifendem Einfluß auf die Kulturen Asiens, ganz besonders auf die Kultur Japans. Zwischen 630 und 894 entsandte Japan 13mal Abgesandte und Studenten in Gruppen zwischen zweihundert und sechshundert Personen nach China, die in der kaiserlichen Akademie der Tang-Dynastie studierten. Im bekannten Shosouin-

Xi'an — der Beginn der Seidenstrasse

Museum in Japan sind zahlreiche Kulturgegenstände aus der Tang-Zeit gesammelt, die von diesen Abgesandten und Studenten nach Japan gebracht wurden.

Blick auf Xi'an

Die heutige Stadtmauer von Xi'an wurde in der Regierungsperiode Hongwu des Kaisers Taizu (1368 — 1398) der Ming-Dynastie gebaut. Die Ming-Regierung richtete hier einen Verwaltungsbezirk ein, dessen Hauptstadt den Namen Xi'an erhielt.
Xi'ans Stadtmauer hat einen Umfang von 11,9 Kilometern, ist zwölf Meter hoch und zwölf bis vierzehn Meter breit. Sie besteht aus gestampfter Erde, die mit Ziegeln verkleidet ist. Die Mauer ist im Umfang zwar bedeutend kleiner als die mingzeitlichen Befestigungsanlagen von Beijing und Nanjing, sie ist demgegenüber aber noch vollständig erhalten und als Schwerpunktobjekt dem staatlichen Denkmalschutz unterstellt.
Der in der Ming-Zeit errichtete Glockenturm liegt — wie in allen altchinesischen Städten üblich — im Zentrum der Stadt. Von hier aus erstrecken sich vier Hauptstraßen bis zu den vier wichtigsten Stadttoren. Nach Renovierungsarbeiten hat der Glockenturm mit goldener Spitze, grünen Dachziegeln, geschnitzten Balken und bemalten Pfeilern seinen majestätischen Eindruck zurückerhalten. Vor der Befreiung umfaßte das Stadtgebiet Xi'ans nur 13,2 Quadratkilometer. Inzwischen hat sich die Stadt bis auf 100 Quadratkilometer ausgedehnt. Bei der Stadtplanung wurden die Vorzüge der tangzeitlichen Anlage Chang'ans übernommen. Der Bebauungsplan ist wie seinerzeit netzartig angelegt. Alle neuen Straßen wurden mit Akazien, Weiden, Kiefern, Zypressen und Dryandrabäumen eingefaßt.
In Xi'an und seiner Umgebung gibt es viele Sehenswürdigkeiten. Das Huaqing-Thermalbad, östlich der Stadt am Fuß des Lishan-Berges gelegen, ist durch seine Heilquelle bekannt. Der Überlieferung nach war die Quelle schon in der Zhou-Zeit (11. Jh.-256 v. Chr.) entdeckt worden und erfreute sich bis in die Qin-Zeit (221 — 207 v. Chr.) großer Beliebtheit. Im 18. Jahr der Regierungsperiode Zhenguan (644) des Kaisers Taizong der Tang-Dynastie wurde hier der Thermalbad-Palast errichtet, der 747 den Namen Huaqing erhielt. Hier verbrachte der Tang-Kaiser Xuanzong jeden Winter mit seiner Favoritin Yang Yuhuan. Ende der Tang-Zeit wurde der Palast zerstört. Nach der Gründung der VR China wurden hier das Neundrachenbad und andere palastartige Bauten inmitten von Grünanlagen errichtet.
Etwa fünf Kilometer östlich vom Huaqing-Bad ist ein vierzig Meter hoher Erdhügel zu sehen, das Grab Qin Shihuangs, des ersten Kaisers der Qin-Dynastie. Qin Shihuang war mit dreizehn Jahren auf den Thron gekommen. Bald danach ordnete er den Bau seines Mausoleums an. Die Bauarbeiten nahmen 37 Jahre in Anspruch und wurden erst mit dem Tod des Kaisers (210 v. Chr.) abgeschlossen. Nach der Vereinigung der sechs chinesischen Königreiche im Jahr 221 v. Chr. beauftragte der Kaiser seinen Kanzler Li Si, den Bau des Mausoleums zu beschleunigen. Dazu wurden 720 000 Arbeitskräfte eingesetzt. Nach dem Sturz der Qin-Dynastie wurde der Grabpalast des Kaisers durch den General Xiang Yu niedergebrannt. Heute ist hier außer dem eigentlichen Grabhügel davon nichts mehr zu sehen. 1974 wurden an der Ostseite des Kaisergrabs, etwa 1,5 Kilometer vom Grabhügel entfernt, drei Gruben mit Tonfiguren aus der Qin-Zeit freigelegt. Sie enthalten lebensgroße Krieger- und Pferdefiguren, die einen Bestandteil des Kaisergrabs darstellen und die Verteidigungsarmee der Hauptstadt symbolisieren. In der Grube Nr. 1 mit einer Gesamtfläche von mehr als 14 000 Quadratmetern konnten schätzungsweise insgesamt 6000 Krieger- und Pferdeplastiken freigelegt werden. Inzwischen wurde darüber eine 72 Meter breite, 230 Meter lange und 22 Meter hohe Ausstellungshalle errichtet, die zum Anziehungspunkt für Touristen aus aller Welt wurde. Die Entdeckung der Tonarmee von Xi'an gehört zu den großen Sensationen in der Geschichte der Archäologie.
Weitere bedeutende Sehenswürdigkeiten Xi'ans sind die „Große Wildgans-Pagode" Dayan Ta aus den Jahren 701 bis 705, die zwei Jahre später errichtete „Kleine Wildgans-Pagode" Xiaoyan Ta, die Moschee Qingzhen Si sowie die neolithische Siedlung Banpo („Dorf auf halber Höhe"). Außerdem verfügt Xi'an über mehrere alte Tempelanlagen und wichtige Museen.

21

23

21. Weinkrug mit vergoldeten Pferdemustern aus der Tang-Zeit
Freigelegt in Xi'an (Provinzmuseum von Shaanxi, Xi'an)

22

22. Schale aus Gold mit eingravierten Mustern von Vögeln und anderen Tieren sowie Blumen und Gräsern aus der Tang-Zeit, ausgegraben in Xi'an (Provinzmuseum von Shaanxi, Xi'an)

Die in Xi'an und Umgebung freigelegten farbigen Tonfiguren, die Angehörige der nationalen Minderheiten in Nordwestchina und Ausländer aus Zentral- und Südasien sowie aus Afrika darstellen, zeugen vom regen Austausch zwischen West und Ost während der Tang-Zeit:

23. Tonfigur mit grüner Glasur (Museum der Chinesischen Geschichte, Beijing)

24. Bunt bemalte Tonfigur (Provinzmuseum von Shaanxi, Xi'an)

25. Diese bunt bemalten Tonfiguren stellen zwei Afrikaner dar — ein seltener Fund (Provinzmuseum von Shaanxi, Xi'an).

24

25

26

27

26. Musiker und Tänzer auf einem Kamel
Keramik aus dreifarbigem Ton aus der Tang-Zeit (Provinzmuseum von Shaanxi, Xi'an)

27. Sitzende Frauenfigur aus dreifarbigem Ton
Keramik der Tang-Zeit (Provinzmuseum von Shaanxi, Xi'an)

28. „Polo-Spiel"
Kopie einer Wandmalerei im Grab des Prinzen Zhang Huai aus der Tang-Zeit

29. Bronzewagen mit Gespann aus der Qin-Dynastie
Im Dezember 1980 wurden in einer Grube westlich des Grabes von Qin Shihuang zwei buntbemalte Bronzewagen mit Pferdegespann freigelegt. Der restaurierte Bronzewagen ist 104,2 cm hoch und mit Gespann 328,4 cm lang.

28

29

3

Westwärts den Weishui-Fluss entlang

30. Die 15,28 m hohe Statue des Buddha Sakyamuni aus der Sui-Dynastie (581-618) am Osthang des Maiji-Berges
Der obere Teil zeigt den 50 m hochgelegenen Pavillon der Sieben Buddhas aus der Mitte des 6. Jh.

31

32

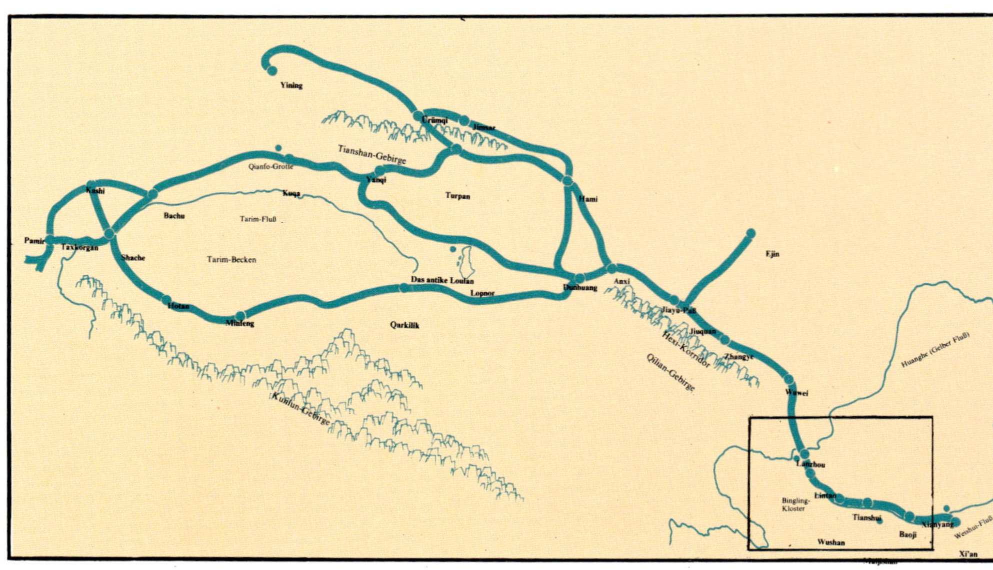

31. Kamelreiter
Dreifarbige glasierte Keramik aus der Tang-Zeit. Die Figur auf dem Kamel stellt einen Angehörigen einer nationalen Minderheit im Nordwesten Chinas dar.

32. Pferd tritt auf einen besiegten Hunnen
Steinplastik vor dem Grab des Generals Huo Qubing (Westliche Han-Dynastie)

33. Streitroß des Kaisers Taizong (Steinrelief der Zhaoling-Grabstätte aus der Tang-Zeit)
Bei einem Erkundungsritt wurde Taizongs Pferd Saluzi durch einen Pfeil verwundet. Qiu Xinggong, ein Begleiter des Kaisers, tauschte mit diesem das Pferd und entfernte den Pfeil aus dem Körper des kaiserlichen Streitrosses. Auch diese Szene wurde von dem Bildhauer, vermutlich Yan Liben, festgehalten.

34. Löwin mit Kind
Talisman aus Jade zum Schutz gegen Unglück (Westliche Han-Dynastie, 206 v. Chr.-24 n. Chr.), freigelegt in der Stadt Xianyang

35. Straußartige Darstellung eines Fabelvogels
Steinplastik am „heiligen Weg" zur Qianling-Grabstätte (Tang-Dynastie)

33

34

35

Westwärts den Weishui-Fluss entlang

DER im Kreis Weiyuan im Süden der Provinz Gansu entspringende Weishui durchfließt in östlicher Richtung die Provinz Shaanxi. Die Seidenstraße folgte von Xi'an aus dem Fluß bis zu seiner Quelle, bog dann nach Norden ab, kreuzte in der Stadt Lanzhou den Huanghe (Gelber Fluß) und nahm dann in nordwestlicher Richtung ihren Verlauf durch den Hexi-Korridor. Mit dem Verkehr auf der Seidenstraße entwickelten sich die von ihr durchzogenen Gebiete, so daß sich in dieser Region zahlreiche kulturelle und historische Relikte aus dem ersten Jahrtausend erhalten haben.

Die alte Poststation Xianyang

Das am Weishui-Fluß gelegene Xianyang befand sich 20 Kilometer westlich von Chang'an und galt als erste Poststation auf der Seidenstraße. Gasthöfe und Teehäuser prägten das Bild des Ortes. Exotisch gekleidete Perser, Inder, Türken und Römer füllten mit ihren Kamelkarawanen die Straßen. Darunter waren die in Zentralasien ansässigen Sogdier besonders zahlreich. Die Sogdier lebten vom Handel. Die meisten Männer gingen im Alter von 20 Jahren auf Handelsreise, weshalb die Sogdier die aktivste Nationalität auf der Seidenstraße bildeten.

Auch viele Han-Chinesen wie in Xinjiang tätige Beamte, diplomatische Vertreter des Hofes, im Grenzgebiet stationierte Soldaten, Reisende, Gelehrte, Übersiedler in die Grenzgebiete von Xinjiang und Zentralasien und Pilger hielten sich in Xianyang auf. Hier erst begann eigentlich ihre Reise in die „Westlichen Gebiete". Da es für unbestimmte Zeit von der Heimat Abschied zu nehmen galt, begleiteten sie ihre Verwandten und Freunde bis nach Xianyang, wo die Verabschiedung mit einem großen Festessen begangen wurde. Oft gab man dabei seinen Gefühlen in Gedichten Ausdruck. Eine große Anzahl solcher Abschiedsgedichte ist erhalten geblieben. Besonders bekannt wurde die Reimdichtung „Abschied in Xianyang" des tangzeitlichen Literaten Wang Wei. In seinen Versen ruft Wang Wei dem nach Xinjiang aufbrechenden Freund zu: „Erhebe noch einmal dein Glas, westwärts gibt's keine Freunde mehr!" Später wurde das Gedicht in ein Musikstück umgearbeitet und ist als solches bis heute überliefert.

Kaisergräber der Han- und Tang-Zeit

In der Umgebung der einst bevölkerungsreichen Stadt Xianyang befinden sich zahlreiche Kaisergräber. Neun der elf Kaiser der Westlichen Han-Dynastie wurden hier bestattet. Auch die Tang-Kaiser bevorzugten Xianyang als Grabplatz. Zwölf ihrer Gräber sind mit Nebengräbern verdienstvoller Beamter und kaiserlicher Verwandter hier zu finden.

Im Kreis Xingping, westlich von Xianyang, liegt die Maoling-Grabstätte, in der Kaiser Wudi der Han-Dynastie beigesetzt wurde. Die majestätische Form des Grabhügels erinnert an einen Berg mit flachem Gipfel. Der Bau des Grabes beanspruchte 53 Jahre. In der Blütezeit arbeiteten hier beständig fünftausend Menschen zur Pflege der Grabstätte. Die Grabanlage war von einer Mauer aus gestampfter Erde umgeben. Um den Ahnen und später dem toten Kaiser zu opfern, wurden große Sakralhallen, aber auch zahlreiche Häuser zur Unterbringung der kaiserlichen Familie sowie der Grabwächter errichtet. In der Nähe des Grabhügels werden immer wieder Gratziegel mit Schmuckscheiben sowie Hohl-

Westwärts den Weishui-Fluss entlang

ziegel aus der Han-Zeit freigelegt.
Die ältesten noch gut erhaltenen großen Grabrelikte fand man am Grab des Han-Generals Huo Qubing, östlich der Maoling-Grabstätte. Mitte des 2. Jahrhunderts stand der Hexi-Korridor, der Verbindungsweg zwischen Gansu und Xinjiang, unter der Oberherrschaft der Hunnen. Sie zwangen das Volk der Darouzhi und der Wusun nach Westen umzusiedeln und gefährdeten durch die Entvölkerung des Grenzgebiets die Sicherheit der Westlichen Han-Dynastie. Unter dem Befehl des Generals Huo Qubing gelang es den Truppen der Han, die Hunnen im Jahre 121 v. Chr. und noch einmal im Jahr 119 v. Chr. zu besiegen. Um die Abwehr gegen die Hunnen zu verstärken und den Durchzug durch den Hexi-Korridor zu sichern, richtete Kaiser Wudi die Wuwei-Präfektur im Ostteil des Hexi-Korridors und später noch drei weitere Präfekturen in Jiuquan, Zhangye und Dunhuang ein und führte die Große Mauer bis zum Nordabschnitt des Hexi-Korridors weiter. Obwohl Huo Qubing vom Kaiser einen herrlich ausgestatteten Palast zum Geschenk erhielt, brachte er sein ganzes, allerdings recht kurzes Leben — er starb im Alter von 23 Jahren — im Kampf gegen die Hunnen zu. „Wozu brauche ich einen Palast", äußerte er, „solange die Hunnen uns noch belästigen?" In Anerkennung seiner Verdienste ließ Wudi Huos Grab in Form des Qilian-Gebirges anlegen, an dessen Nordhang Huo Qubing 121 v. Chr. die Hunnen zurückgeschlagen hatte. Vor dem Grab wurden Steinskulpturen von klassischer Schlichtheit, u. a. kniende Pferde, Tiger und Elefanten aufgestellt.
Im Kreis Liquan, nordwestlich von Xianyang, befindet sich die Grabstätte Zhaoling, die größte ihrer Art in China. Hier wurde Li Shimin, der Tang-Kaiser Taizong (599-649), beigesetzt. Auf dem 20 000 Hektar großen Areal fand man zweihundert Gräber von Mitgliedern der kaiserlichen Familie, von hohen Beamten und Generälen. Das Hauptgrab war in das Grabgewölbe und den Tempel- und Palastkomplex unterteilt. Allerdings haben sich infolge kriegerischer Zerstörungen und anhaltender Bodenerosion von den Gebäudekomplexen keine Spuren erhalten. Die jetzt am Grabhügel vorhandenen Bauten stammen aus neuer Zeit und dienen zur Ausstellung von Inschriftentafeln und anderen Kulturgegenständen. Dazu gehören u. a. die Reliefskulpturen der sechs Streitrosse, die Li Shimin in den zahlreichen Kriegen, die er bestritt, benutzte. Die sehr lebendig wirkenden Darstellungen besitzen hohen künstlerischen Wert. Der schmale Kopf, die breiten Hufe und die schlanken Beine erinnern an Rassepferde aus Persien. Die Projektierung der gesamten Grabbauten wird dem bekannten Architekten Yan Lide und die Reliefskulpturen werden seinem Bruder Yan Liben, einem berühmten Maler der Tang-Zeit, zugeschrieben.
Sechs Kilometer nördlich des Kreises Qianxian, am Hang des Berges Liangshan, findet sich die bekannte Grabanlage Qianling, in der Kaiser Gaozong (649-683) und seine Konkubine, die spätere Kaiserin Wu Zetian (690-705), ihre letzte Ruhestätte fanden. Eine breite Straße, oft auch „heiliger Weg" genannt, führt direkt zu den Grabgewölben. Bis heute haben sich Ehrentürme, Steinstelen, sitzende Löwen, Pferde, *Zhuque* genannte Fabelvögel, und zahlreiche Menschenfiguren erhalten, darunter sechzig Skulpturen von Häuptlingen der nationalen Minderheiten im Grenzgebiet und ausländischen Gesandten, die bei den Begräbnisfeierlichkeiten zugegen waren.
Der *Zhuque* erscheint in chinesischen Legenden

Westwärts den Weishui-Fluss entlang

als glückverheißender Vogel. Die *Zhuque*-Skulpturen vor dem Grab ähneln aber dem afrikanischen Strauß. In der „Chronik der Tang-Zeit" wird berichtet, daß Abgesandte aus Tukhara (im heutigen Afghanistan) straußenähnliche Vögel im Jahr 650 nach Chang'an brachten.

Kaiser Gaozong hatte großen Wert auf freundschaftliche Beziehungen zu den nationalen Minderheiten im Grenzgebiet wie auch zu den Nachbarländern gelegt. So kam es, daß viele führende Repräsentanten der nationalen Minderheiten und ausländische Gesandte an seiner Beerdigungszeremonie teilnahmen. Ihre steinernen Porträts ließ Wu Zetian nach Gaozongs Tod vor dem Grab aufstellen, wobei auf dem Rücken der Steinmenschen die Namen der Dargestellten angebracht wurden.

Die Weishui-Ebene

Von Xianyang aus führt die Seidenstraße den Weishui-Fluß entlang westwärts bis zur Stadt Baoji.

Am Südufer des Flusses liegen hier in der Kreisstadt Huxian der Caotang-Tempel und der Sarira-Stupa des Mönchs Kumarajiva.

Kumarajiva wurde 344 in Qiuci (heute Kuqa in Xinjiang) geboren. Mit sieben Jahren trat er zusammen mit seiner Mutter in ein Kloster ein. Dort beschäftigte er sich mit der Hinayana-Lehre (kleines Fahrzeug) und der Mahayana-Lehre (großes Fahrzeug) des Buddhismus, lernte Sanskrit und studierte Sutren, Meditationstexte und andere Werke des Buddhismus und wurde einer der gebildetsten Mönche seiner Zeit. Während der sogenannten „Früheren Qin-Dynastie" (351-394) eroberte General Lü Guang die Stadt Qiuci und nahm Kumarajiva mit nach der Hauptstadt Chang'an. Unterwegs erreichte sie die Nachricht vom Untergang der Dynastie, so daß Kumarajiva in Liangzhou (heute Wuwei) blieb. Die Herrscher der Späteren Qin-Dynastie (384-417) bekannten sich ebenfalls zum Buddhismus und sandten im Jahr 401 Beauftragte nach Liangzhou, um Kumarajiva nach Chang'an zu holen. Eigens für ihn ließ der Kaiser den Caotang-Tempel bauen, in dem Kumarajiva buddhistische Schriften ins Chinesische übersetzen und Sutren auslegen sollte. Mit seinen Schülern übersetzte er hier auch tatsächlich insgesamt 74 buddhistische Werke, die 384 Bände umfassen, wodurch Kumarajiva eine große Rolle bei der Verbreitung des Buddhismus in China spielte. Westlich des Caotang-Tempels befindet sich der Sarira-Stupa, Kumarajivas Grab-Stupa, ein 2,6 Meter hoher Steinbau mit Reliefmusterverzierungen aus farbigem Marmor.

Ein bedeutendes Kloster befand sich im Dorf Tayu im Kreis Zhouzhi, zwischen dem Südufer des Weishui und dem Nordhang des Zhongnan-Berges. Der umfangreiche Komplex wurde vor 700 Jahren zerstört, nur eine siebengeschossige, achteckige Pagode blieb erhalten. Das typisch tangzeitliche Bauwerk wird aber bis heute als nestorianische Daqin-Pagode bezeichnet. In der chinesischen Geschichte wurden das Römische Reich (30 v. Chr. - 476 n. Chr.) und das Oströmische Reich (476-1453) Daqin genannt. Die Politik der Öffnung nach außen während der Tang-Periode förderte die Übernahme ausländischer Kultureinflüsse. Auf diese Weise gelangte auch das Nestorianertum über die Seidenstraße nach China. Nestorianischen Mönchen wurde gestattet, Klöster zu bauen und darin zu predigen. Im 8. Jahrhundert war das nestorianische Christentum in China ziemlich weit verbreitet. Das Kloster mit der Daqin-Pagode im Kreis Zhouzhi wurde zu dieser Zeit errichtet.

Westwärts den Weishui-Fluss entlang

Die am Westende der Weishui-Ebene gelegene Stadt Baoji entwickelte sich schon in alter Zeit zu einem Zentrum der Seidenraupenzucht. Einen Beleg dafür erbrachte eine in diesem Gebiet ausgegrabene Jadehalskette mit Seidenraupenmuster aus der Westlichen Zhou-Dynastie (11. Jh. - 771 v. Chr.). Schon damals bildete Seide eine der wichtigsten materiellen Grundlagen für den Warenaustausch.

Die Maiji-Grotten

Südöstlich von Tianshui, der zweitgrößten Stadt in der Provinz Gansu, ragt ein Berg auf, der wie mit Weizenhaufen bedeckt scheint und deshalb den Namen Maiji (Weizenlager) erhielt. An einer Felswand des Gipfelmassivs befinden sich die Maiji-Grotten.

Mit ihrem Bau wurde vermutlich Ende des 4. Jahrhunderts, während der Späteren Qin-Dynastie, begonnen. Tausend Jahre lang wurden hier Höhlen und Steinskulpturen aus dem Fels geschlagen, Tonfiguren aufgestellt und die Wände mit Malereien ausgeschmückt. Bis heute haben sich 194 Grotten mit mehreren tausend Figuren sowie über tausend Quadratmeter Wandmalereien erhalten. Ursprünglich lag die Anzahl der Grotten und Nischen weit höher. Aber im Jahr 734 zerstörte ein starkes Erdbeben den zentralen Teil des Höhlentempels fast vollständig. Nur die östliche und die westliche Grottengruppe blieb erhalten.

An der östlichen Felswand befindet sich der Pavillon der sieben Buddhas, die höchste der Maiji-Grotten. Die sieben nebeneinander liegenden Grotten, denen Dächer vorgesetzt und die mit Wandelgängen verbunden waren, liegen fünfzig Meter hoch an der Felswand. Unterhalb sichtbar ist eine 15,28 Meter hohe Buddhafigur aus der Sui-Dynastie (581-618).

Wie konnten so viele Grotten in einer solchen Höhe an der senkrechten Felswand angelegt werden? Vor der Felswand wurde bis zur oberen Kante Holz aufgestapelt. Dann wurden, von oben aus, die Nischen und Grotten in die Wand getrieben, wobei man das Holz schrittweise abtrug.

Wegen des hohen künstlerischen Werts der Skulpturen werden die Maiji-Grotten oft „Museum der chinesischen Steinschnitzerei" genannt. Zu den berühmtesten Stücken zählt die Sakyamuni-Skulptur in Grotte Nr. 44, deren milder und gütiger Gesichtsausdruck ausgeprägt weibliche Züge trägt.

In Grotte Nr. 135 ist die Figur eines jungen Mannes zu sehen. Mit beiden vor die Brust gehobenen Händen blickt er in eine lichte Zukunft. Sakyamunis Schüler Ananda und ein Bodhisattva in Grotte Nr. 121 sind ebenfalls sehr lebhaft dargestellt. Der Bodhisattva flüstert, während Ananda in die Hände klatscht. Die Figuren des Bodhisattva und seiner weiblichen Jünger aus der Song-Dynastie (960-1279) in Grotte Nr. 165 haben ovale Gesichter, schön gewölbte Augenbrauen und einen kleinen Mund, was für die Schönheit der Han-Frauen typisch ist.

In den ältesten Grotten aus der Zeit der Späteren Qin-Dynastie (384-417), z. B. den Grotten Nr. 74 und Nr. 78, sind die Skulpturen stark von der altindischen Gandhara-Kunst beeinflußt. Die allmähliche Verbindung ausländischer und chinesischer Stilelemente und die Herausbildung eines nationalen Stils in der Plastik sind in den Maiji-Grotten gut zu verfolgen.

Das Lashao-Kloster

Westlich von Tianshui, 25 km von der Kreisstadt Wushan entfernt, befindet sich das

36

36. Die 61 Steinstatuen vor der Qianling-Grabstätte aus der Tang-Dynastie
Die Köpfe der Figuren wurden vor langer Zeit zerstört, die auf dem Rücken angebrachten Namen und Herkunftsorte aber sind zum Teil noch zu entziffern.

37.Jagdszene
Wandmalerei aus der Tang-Zeit im Hauptgang des Grabes der Prinzessin Yong Tai, eines Nebengrabs der Qianling-Grabanlage. Das Fresko ist 12 m lang, dargestellt sind fünfzig Reiter sowie Kamele, Leoparden, Falken und Hunde.

38. Die nestorianische Daqin-Pagode in Tayu aus der Tang-Zeit

39. Der 2,6 m hohe Sarira-Stupa, die Grabstätte Kumarajivas, im Kreis Huxian stammt aus der Tang-Zeit.

37

38

39

40

41

42

43

44

40. Buddharelief in Grotte Nr. 44 des Maiji-Berges aus der Westlichen Wei-Dynastie (535-557)

41. Schüler eines Bodhisattva mit Blumen und indischer Tracht in Grotte Nr. 74 des Maiji-Berges

42. Der steinerne Buddha nördlich des Klosters Lashao (vermutlich 6. Jh.)
Detail der Thronplatte mit der Darstellung von Löwen, Hirschen und Elefanten

43. Der Bingling-Höhlentempel am Maíji-Berg, südlich von Lanzhou. Am Fuß der Felswand der Damm, der den Grottenkomplex vom Stausee trennt

44. Der Linshui-Pavillon am Fünf-Quellen-Berg in Lanzhou

Westwärts den Weishui-Fluss entlang

zwar wenig bekannte Lashao-Kloster, früher Daxiang-Kloster genannt. Es wurde auf dem Gipfel eines Berges errichtet. Zum Klosterkomplex gehören auch in die Felswand gemeißelte Buddhastatuen. Die Bauzeit des Klosters erstreckte sich über rund fünfhundert Jahre. Entsprechend der Datierung „Im 3. Jahr der Regierungsperiode Minghuang der Nördlichen Zhou-Dynastie" (559) auf einer Wandmalerei in einer der Grotten ist davon auszugehen, daß mit dem Bau des Klosterkomplexes um 500 begonnen wurde.

Nördlich des Klosters sind drei aus der Felswand geschlagene Buddha- und Bodhisattva-Figuren besonders auffallend: in der Mitte ein über zwanzig Meter hoher, auf einem Lotosthron sitzender Buddha, flankiert von zwei lächelnden Bodhisattvas, die Lotosstengel in der Hand halten. In den Lotosthron sind Reihen von Löwen, Hirschen und Elefanten eingemeißelt, und im Zentrum der Thronplatte befinden sich schön gestaltete Rundplastiken Buddhas und der Bodhisattvas. Ringsum in der Felswand haben zahlreiche Nischen mit Stupas Platz gefunden. Die würdevollen Buddhas sowie Bodhisattvas von Lashao verraten hohe handwerkliche Meisterschaft und können sich durchaus mit den Werken der Maiji-Grotten messen. Die daneben befindlichen farbigen Skulpturen, etwa eine Buddha-Statue mit rundem Gesicht, stammen wahrscheinlich aus der Tang-Zeit.

Unter den Plastiken der buddhistischen Höhlentempel Chinas werden Löwen, Hirsche und Elefanten selten als heilige Symbole dargestellt. Während der weitaus größte Teil der buddhistischen Kunst Chinas vom Mahayana-Buddhismus geprägt ist, weisen die Skulpturen im Lashao-Kloster Spuren des Hinayana-Buddhismus auf. Da die strenge Lehre des Hinayana, die sich vor allem in Sri Lanka, Thailand, Burma und Kampuchea ausbreitete, nicht die Vorstellungen des Mahayana-Buddhismus teilte, nach denen der Kosmos von einer Unzahl buddha-ähnlicher Gottheiten und den segenbringenden Halbgottheiten der Bodhisattvas bevölkert war, konzentrierte sich die Bildhauerei des Hinayana auf Darstellungen des Rades der Lehre und der Wiedergeburten, der buddhistischen Bettelschale und auf Lindenbäume sowie Tiere wie Löwen, Hirsche und Rinder.

Der Bingling-Tempel

In Weiyuan, unterhalb der Quelle des Weishui-Flusses, verläßt die Seidenstraße die Weishui-Ebene, wendet sich in nordwestlicher Richtung und erreicht bei der Stadt Lintao den Taohe-Fluß. Hier teilte sich die Straße. Die eine Route führte zum Huanghe und folgte ihm westwärts durch die Provinz Qinghai nach Tibet. Die zweite Route verlief von Lintao aus nordwärts, erreichte nach Überquerung des Gaolan-Gebirges die Stadt Lanzhou und den Huanghe und führte weiter in Richtung Norden am Zhuanglang-Fluß entlang zum Hexi-Korridor. In unmittelbarer Nähe des Treffpunkts der südlichen Seidenstraße mit dem Huanghe befindet sich der Bingling-Tempel, einer der beeindruckendsten buddhistischen Höhlentempel Chinas.

„Bingling" bedeutet in Tibetisch „hunderttausend Buddhas". 34 Grotten und 149 Nischen des alten Tempelkomplexes sind noch erhalten, von denen ein großer Teil aus der Tang-Zeit stammt. Die figürlichen Skulpturen in Bingling fallen durch ihre edlen Proportionen und feinen Gesichtszüge auf, wobei die Taillen besonders betont sind. Die harmonische Gestaltung der

Westwärts den Weishui-Fluss entlang

Figuren wird durch die zumeist bewegt dargestellten Körper unterstrichen, die an Skulpturen indischer Tänzer und Tänzerinnen erinnern. Während der Tang-Zeit waren die dank der Seidenstraße aus Xinjiang, Zentral- sowie Südasien in China bekanntgewordenen Gesänge und Tänze sehr beliebt, so daß davon auszugehen ist, daß die Bildhauer von Bingling ihre Anregungen nicht von indischen Plastiken, sondern aus der unmittelbaren Anschauung südasiatischer Tanzkunst erhielten.

Durch die Kriegswirren wurde der Bingling-Tempel schwer beschädigt. Zwei der Hauptgrotten — die vierzig Meter hohe Grotte Nr. 169 und Grotte Nr. 172 — waren nicht mehr zugänglich. In den letzten Jahren wurden Hängebrücken und Pfade angelegt, mit deren Hilfe sie wieder besichtigt werden können. Unter den verschiedenen Buddha-, Bodhisattva- sowie Jünger-Figuren in den Grotten fallen zwei Skulpturen besonders ins Auge: die eine stellt einen sitzenden Buddha des in China seltenen asketischen Typs dar und erinnert an die im Lahore-Museum in Pakistan aufbewahrte Figur des asketischen Sakyamuni der Gandhara-Kunst. Einer der Jünger Buddhas ist mit bloßen Füßen dargestellt, trägt zwei Zöpfe und besonders schwere Kleidung. Diese Skulptur könnte einen Vertreter der Westländer zum Vorbild haben. Beide Skulpturen gehören offensichtlich zu den frühesten Werken der Grotten-Kunst in China.

Eine Inschrift an der nördlichen Felswand von Grotte Nr. 169 lautet: „1. Jahr der Regierungsperiode Jianhong der Westlichen Qin-Dynastie". Das bedeutet, daß der Bau der Bingling-Grotten spätestens im Jahr 420 begonnen wurde. Die Westliche Qin-Dynastie (385-431) wurde von den Qifu, einem Zweig der Xianbei-Nationalität in Gansu, begründet. Der Qifu-Fürst bekannte sich zum Buddhismus, so daß angenommen werden kann, daß der Bingling-Tempel unter seiner Schirmherrschaft und vielleicht in seinem Auftrag angelegt wurde. Heute befindet sich in unmittelbarer Nähe des Höhlenheiligtums der Stausee des Wasserkraftwerks Liujiaxia. Ein hoher Damm trennt den Grottenkomplex vom See.

Lanzhou

Am Fuß des Gaolan-Gebirges liegt die eine Million Einwohner zählende Stadt Lanzhou, die Hauptstadt der Provinz Gansu.

Als General Huo Qubing im Jahr 121 v. Chr. gegen die Hunnen kämpfte, befand sich hier im Tal des Huanghe nur Ödland. Die Truppen erreichten im Sommer den Fuß des Gaolan. Sie wurden von Durst geplagt, da es nirgends eine Quelle gab. Huo Qubing war ratlos und hieb mit seiner Peitsche wütend auf die Steine ein. Aus den Spuren, die seine Peitsche ins Geröll zeichnete, entsprangen fünf Quellen. Heute befindet sich dort der bekannte Bergpark der fünf Quellen.

Als man später bei den Quellen eine Stadt errichtete, fand man Gold in der Erde, so daß die Stadt den Namen „Goldstadt" erhielt. Erst im 6. Jh. wurde die Stadt Lanzhou genannt. Seitdem wurde Lanzhou zu einem vielbesuchten Rast- und Handelsplatz auf dem Weg nach dem Westen. Im Reisebericht des Mönchs Xuan Zang über seine Pilgerfahrt nach Indien ist eine der ersten Beschreibungen Lanzhous zu finden.

4

Der Hexi-Korridor

45. Der Jiayu-Paß, seit der Ming-Dynastie das Westende der Großen Mauer (errichtet 1372)
Farbig bemalte Ziegel aus einem der Gräber der Jin- und Wei-Zeit (220-420) nordöstlich des Jiayu-Passes: Geflügel waschen *(links)*
Beim Kochen *(rechts)*

46

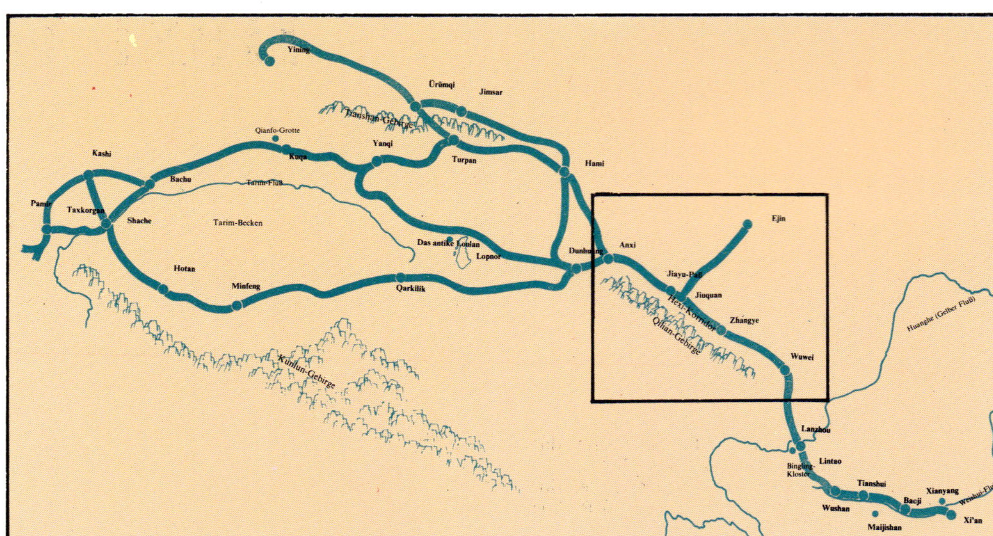

46. Bronzepferd im Galopp aus der Östlichen Han-Dynastie (25-220), gefunden 1969 in Leitai (Provinzmuseum von Gansu, Lanzhou)

Der Hexi-Korridor

Der Hexi-Korridor, 1200 Kilometer lang und zumeist weniger als hundert Kilometer breit, grenzt im Norden an weite Wüsten und im Süden an das von ewigem Schnee bedeckte Qilian-Gebirge. Er nimmt, nördlich von Lanzhou, seinen Anfang am Wushao-Gebirge und erstreckt sich in nordwestlicher Richtung bis zur Xingxing-Schlucht in Xinjiang. Der Name „Hexi" bedeutet „westlich des Huanghe". Seit der Han-Kaiser Wudi im Hexi-Korridor die vier Präfekturen — Wuwei, Zhangye, Jiuquan und Dunhuang — einrichten sowie am Nordrand des Korridors die Große Mauer bauen und die Pässe Yangguan und Yumen befestigen ließ, bildete der Hexi-Korridor die natürliche Verkehrsverbindung zwischen Mittelchina und dem Nordwesten.

Galoppierendes Pferd aus Bronze

Wuwei, im Altertum Liangzhou genannt, war eine strategisch wichtige Ortschaft im Südabschnitt des Hexi-Korridors. In Leitai, nördlich von Wuwei, wurde in einem Grab aus der Östlichen Han-Dynastie (25-220) ein galoppierendes Pferd aus Bronze entdeckt. Den Kopf in den Nacken geworfen, drei Hufe in der Luft und den vierten auf einen fliegenden Vogel gestützt, vermittelt es dem Betrachter das Gefühl großer Schnelligkeit. Es stellt ein Himmelsroß dar, das — wie in alten chinesischen Sagen oft berichtet — im Galopp einen fliegenden Vogel überholt. Mit seiner phantasievollen Gestaltung und feinen Ausführung zählt dieses Meisterwerk zu den bedeutendsten Bronzefunden in der Geschichte der Archäologie.

Die antike Zivilisation am Huanghe war aufs engste mit der Agrarwirtschaft verbunden. Zu Beginn der Han-Dynastie betrieb man am Huanghe fast ausschließlich Landwirtschaft und Seidenraupenzucht. Viehzucht, insbesondere die Zucht von Pferden, war den Bauern fremd. Um das Eindringen der Hunnen nach dem Süden abzuwehren und den Verkehr zwischen Mittelchina und dem Nordwesten zu öffnen, ließ Kaiser Wudi eine starke Kavallerie aufstellen. Gute Pferderassen und Futtergräser wie Luzerne wurden aus Zentralasien eingeführt. Im Nordwesten wurden 36 Regierungsgestüte angelegt, in denen 300 000 Pferde gehalten wurden. Jin Ridan, ein erfahrener hunnischer Pferdezüchter, wurde zum Inspektor der kaiserlichen Weiden ernannt.

Unweit von Wuwei am Yangzhi-Berg, einem Ausläufer des Qilian-Gebirges, liegen weite natürliche Weideplätze. Etwa im Jahr 121 v. Chr. wurden in dieser Gegend die ersten Gestüte des Han-Hofes eingerichtet.

Die Bewohner des Hexi-Korridors, die zumeist aus Mittelchina stammten, besaßen eine lange kulturelle Tradition. Die auf den Regierungsweiden gezüchteten Pferde aus den „Westlichen Gebieten", die wegen ihrer Schnelligkeit und Schönheit als „Himmelspferde" bezeichnet wurden, haben viele zeitgenössische Künstler beeindruckt, nicht zuletzt den unbekannten Schöpfer des galoppierenden Bronzepferdes von Leitai.

Zhangye

Zhangye, in der Mitte des Hexi-Korridors gelegen, war schon in früher Zeit eine der wichtigen Handelsstädte an der Seidenstraße. Da zwischen dem 4. und 6. Jahrhundert China in viele kleine, miteinander rivalisierende Fürstenstaaten geteilt war und allenthalben Kriegswirren herrschten, die es unmöglich machten, in Mittelchina noch Handel in großem Stil zu betreiben, kamen die Kaufleute zumeist nur noch bis nach Zhangye. Hier versuchten sie, ihre Waren an chinesische Kleinhändler abzusetzen. Dieser Zustand hielt bis zur Sui-Dynastie (581-618) an, die das Reich nach dreihundertjähriger Spaltung wieder vereinte. Der Sui-Kaiser Yangdi, der dem Warenaustausch zwischen Mittelchina und den „Westlichen Gebieten" große Aufmerksamkeit schenkte, entsandte einen hohen Beamten Namens Pei Ju zur Verwaltung des Handels nach Zhangye. Während seiner Amtszeit in Zhangye verfaßte Pei ein Buch mit dem Titel „Die Westlichen Gebiete in meinen Augen", in dem er Landschaft, Menschen, Sitten und Gebräuche der Staaten und Völker in Xinjiang, Zentral- und Südasien und die drei von Dunhuang nach dem Mittelmeer führenden Handelswege ausführlich beschrieb. 609 lud Kaiser Yangdi die Fürsten der Nationalitäten des Nordwestens sowie Gesandte der „Westlichen Gebiete" zu einem Besuch nach Zhangye ein. Pei wurde

Der Hexi-Korridor

nach Dunhuang geschickt, um die Gäste abzuholen. In Zhangye wurden die Gäste von Frauen in prächtiger Festkleidung unter Trommel- und Gongschlag begrüßt. Yangdi selber begab sich auf eine Inspektionsreise nach Zhangye, wo er die Gäste empfing. Anschließend lud der Kaiser die Gäste ein, mit ihm in seine Hauptstadt Luoyang zu kommen. Zur Begrüßung der Gäste wurde Luoyang festlich geschmückt. In den Geschäften waren Spezialitäten aus allen Landesteilen zu finden, und auf dem Platz vor dem Duanmen-Tor wurden die Gäste mit akrobatischen Vorführungen unterhalten.

Marco Polo, der sich ein Jahr lang in Zhangye aufhielt und die Stadt ausführlich beschrieb, charakterisierte sie als eine „Metropole". Das im Jahr 1098 gebaute „Große-Buddha-Kloster" nahe des Glockenturms im Zentrum der Stadt, das er damals besichtigte, ist heute gut erhalten. In diesem Kloster befindet sich eine 34,5 m lange schlafende Buddhafigur. Vor zehn Jahren wurden in der Nähe des Klosters sechs persische Silbermünzen aus der Zeit der Sassaniden (226-651) ausgegraben, auf deren Vorderseite der Kopf von Chosrau I. zu sehen ist, während die Rückseite ein Bild des zoroastrischen Feuerkults zeigt. Auch sie bezeugen die Bedeutung Zhangyes schon in alter Zeit.

Alte Gräber in Jiuquan

Jiuquan war ein weiterer wichtiger Ort im Hexi-Korridor. Alle zwischen Ost und West verkehrenden Karawanen, Gelehrten, Pilger und Reisenden wie Fa Xian, Kumarajiva, Xuan Zang und Marco Polo machten hier Station. Im weiten Wüstengebiet rings um Jiuquan sind viele antike Gräber entdeckt worden, unter denen das Grab Nr. 5 bei Dingjiazha, nordwestlich der Stadt, besonders bemerkenswert ist.

Das Grab mißt etwa drei Meter in Höhe, Länge und Breite und besteht aus einer großen Vorder- und einer kleineren Hinterkammer, die miteinander verbunden sind. Die Hinterkammer ist zur Aufnahme des Sarkophags gedacht. Die Wände beider Grabkammern sind mit Malereien geschmückt. Nach Ansicht der Historiker könnte der Bestattete ein Han-Chinese vom Rang eines Fürsten und als solcher höchstwahrscheinlich ein hoher Beamter der Xiliang-Dynastie (400-420) gewesen sein.

Der obere Teil der Fresken zeigt Figuren aus der chinesischen Mythologie, der mittlere Teil den Palast des Verstorbenen und Episoden aus dem Alltagsleben, der untere Teil das Landgut des Fürsten. Die Malereien zeichnen sich durch geübte Pinselführung, fließende Linien und lebendige Gestaltung der Figuren aus. Sie nehmen hinsichtlich ihrer Qualität eine Sonderstellung unter Chinas antiken Wandmalereien ein.

Der untere Teil des Freskos schildert das alltägliche Leben im Hexi-Korridor des 5. Jahrhunderts. Es zeigt einen Obstgarten mit üppigen Fruchtbäumen, in denen sich Affen tummeln, Maulbeerbäume, weidende Pferde, Bauern bei der Feldbestellung und auf der Tenne. Die Bilder liefern einen Beweis dafür, daß der Hexi-Korridor, der heute zu weiten Teilen aus Ödland besteht und in dem keine Maulbeerbäume mehr wachsen, in alter Zeit nicht nur ein wichtiger Knotenpunkt an der Seidenstraße und ein Landwirtschaftsgebiet, sondern auch ein Seidenproduzent war.

Die Bauern des Grabfreskos tragen zwar dreieckige Filzmützen und kurze Jacken im Han-Stil, sind aber durch lange Nasen, tiefliegende Augen und nach oben gerichtete Schnurrbärte gekennzeichnet. Offensichtlich stellen sie keine Han-Chinesen dar. Die Bevölkerung des Hexi-Korridors jener Zeit setzte sich neben Han aus verschiedenen nationalen Minderheiten wie Di, Hunnen, Xianbei und anderen zusammen.

Der Mittelteil des Wandbildes zeigt den Bestatteten. Er trägt eine Fürstenkrone und wohnt, von Dienern umgeben, Wein trinkend Tanz- und Akrobatikvorführungen bei. Diese Szene ist besonders wertvoll für das Studium der Musik und des Tanzes im Hexi-Korridor zu jener Zeit.

Durch die Seidenstraße wurden der traditionellen Musik Mittelchinas neue Impulse verliehen. Die Hüfttrommel auf dem Gemälde stammt zum Beispiel aus den „Westlichen Gebieten", und der hier dargestellte erste chinesische Musiker, der eine Zither spielt, ist zwar in Han-Tracht gekleidet, aber seine lange Nase und der nach oben zugespitzte Schnurrbart verraten, daß er aus Xinjiang oder einem Gebiet westlich von Xinjiang stammen muß. Möglicherweise war er bei dem Bestatteten als Beamter in

Dienst.

Unter den zehn großen Stilrichtungen in der Musik der Sui- und der Tang-Zeit gab es auch eine, die Liangzhou-Musik genannt wurde. Da im Altertum die Musik in den „Westlichen Gebieten“ hoch entwickelt war, waren die verschiedenen, von lokalem Kolorit geprägten Strömungen, wie die Musik von Shule, Tianzhu, Kangguo und Gaochang, schon lange in Mittelchina bekannt. Die beliebteste von ihnen war jedoch die Musik aus Qiuci (heute Kuqa). Als Lü Guang, der General der Früheren Qin-Dynastie, Qiuci eroberte, fand er die dortige Musik so schön, daß er, als er im Triumphzug nach seiner Heimat aufbrach, das Orchester des Qiuci-Königs mitnahm. Unterwegs bei Wuwei, das damals noch Liangzhou hieß, erfuhr er, daß die Armeen der Früheren Qin-Dynastie in der Schlacht von Feishui vernichtend geschlagen worden waren. Der General mußte in Wuwei bleiben, machte sich im Jahr 386 selbst zum König und gründete die Spätere Liang-Dynastie. Mit ihm blieb auch die Qiuci-Musik in Liangzhou, die im Lauf der Zeit Elemente der einheimischen Musik aufnahm und sich zu einem neuen Stil, dem Liangzhou-Stil, entwickelte, der bald im ganzen Hexi-Korridor Verbreitung fand.

Der obere Teil des Wandgemäldes enthält eine mythologische Szene: ein galoppierendes Himmelspferd auf weichen Wolken zwischen sich auftürmenden Bergen und mit Flügeln versehene Menschengestalten. In Chinas Altertum glaubte man, daß Menschen, die beständig Gutes täten, eines Tages Flügel wüchsen, mit denen sie zum Paradies flögen. Obwohl diese mit Flügeln versehenen Gestalten nichts mit den Engeln der westlichen Mythologien verbindet, gleichen sie in der Phantasie ihrer Darstellung europäischen Fresken des nämlichen Sujets.

Ejin

Zwischen Jiuquan und Zhangye erstreckt sich das Flußbett des Heihe, eines periodisch fließenden Wasserlaufs, der in die beiden im Norden gelegenen Binnenseen Sogonur und Gaxunnur mündet. Das Delta des Heihe und die Ortschaften an diesen beiden Seen bilden die Oase Ejin. Während der Xixia-Dynastie (1032 bis 1227) wurde hier die Weifu-Garnison errichtet. Da die Residenz der Xixia-Dynastie in Yinchuan (heute Hauptstadt des Autonomen Gebiets Ningxia der Hui-Nationalität) lag, bildete dieses Gebiet einen wichtigen Stützpunkt für den Handelsverkehr zwischen dem Reich Xixia, seiner Hauptstadt und dem Einzugsgebiet des Huanghe. Nach dem Sturz der Xixia-Dynastie durch die Yuan-Dynastie wurde die Weifu-Garnison in Yijinai umbenannt. Die Ruinen von Yijinai liegen dreißig Kilometer südöstlich von Dalankubu. Historischen Aufzeichnungen zufolge eroberte Feng Sheng, ein General der Ming-Dynastie, in der Mitte des 14. Jahrhunderts die Stadt und ließ sie niederbrennen. Die Angaben dieser Aufzeichnungen stimmen mit den bis heute erhaltenen Ruinen der Stadt überein.

Seit Anfang dieses Jahrhunderts wurden hier zahlreiche Bücher aus der Xixia-Zeit und der Yuan-Dynastie ausgegraben, die in chinesisch, mongolisch, tibetisch und in der Schrift der Xixia abgefaßt sind. Neben dem Stupa im Nordwesten der Stadt und den islamischen Bauten im Südwesten sind nur noch die hohen und dicken Stadtmauern erhalten. Auf der Ostmauer sieht man viele verdorrte Holzpfähle und faustgroße Steine. Die Wallgräben südlich der Stadt sind von Sand zugeschüttet.

Während der Han-Dynastie wurde Ejin Juyan genannt. Zur Sicherung des Verkehrs im Hexi-Korridor hatte der Kaiserhof der Westlichen Han-Dynastie in diesem Gebiet zwei Garnisonen errichten lassen. Die Garnison in Juyan war zuständig für die Verteidigung der Nordflanke und die in Dingxin hatte zudem noch die Versorgung Juyans zu sichern. Das alte Juyan liegt in der Wüste östlich von Dalankubu. Von der Stadt sind nur noch Ruinen einiger Teile der Stadtmauer erhalten geblieben. Im Stadtgebiet wuchern auf Sandhügeln jetzt Tamariskengewächse. Südöstlich der Ruine sieht man ein ausgetrocknetes Flußbett, das in alter Zeit einmal die Stadt mit Wasser versorgte.

Im umliegenden Wüstengebiet hat man auch die Ruinen einiger weiterer alter Städte entdeckt. Anhand der Überreste läßt sich erkennen, daß die Städte von hohen und dicken Mauern umgeben waren und daß manche sogar über zwei Stadtmauern verfügten. Zumeist handelt es sich um Festungen, in denen Grenztruppen der Han stationiert waren. Darüber hinaus fand man in der Umgebung auch Reste zahlreicher kleiner Lehmsiedlungen und Signaltürme. Sie

47

48

49

47. Der 34,5 m lange und 7,5 m hohe „Schlafende Buddha" im 1098 errichteten „Kloster des Großen Buddha" in Zhangye

48. Seidenstickerei aus der Han-Dynastie (206 v. Chr. bis 220 n. Chr.), freigelegt in Mozuizi (Provinzmuseum von Gansu, Lanzhou)

49. In der Ost- und Westgrotte des Goldpagoden-Tempels im Qilian-Gebirge, südöstlich von Zhangye, sind über hundert Statuen erhalten. Die bekanntesten sind die fliegenden Apsaras aus dem 5. Jh.

50

50. Der Trommelturm in Jiuquan
Der Überlieferung nach stationierte der Han-General Huo Qubing nach dem Sieg über die Hunnen seine Truppen in dieser Gegend. Als Auszeichnung für seine Verdienste sandte ihm der Kaiser Schnaps, den der General mit seinen Soldaten genießen sollte. Doch der Schnaps reichte nicht aus, so daß ihn der General in eine Quelle schütten ließ, damit jeder zusammen mit dem Quellwasser den Schnaps zu kosten bekam. Seither wird die Gegend Jiuquan (Schnapsquelle) genannt. Der Trommelturm stammt aus dem 4. Jh., wurde später aber mehrfach neu errichtet.

51. Wandmalerei im Grab Nr. 5 bei Dingjiazha, nordwestlich von Jiuquan (5. Jh.)
Dargestellt ist u. a. eine Gruppe von Musikern mit vier für die Liangzhou-Musik typischen Instrumenten — *Yaogu* (Hüfttrommel), Längsflöte, *Pipa* (chinesische Laute) und *Zheng* (zitherähnliches mehrsaitiges Instrument). Unter den auf dem unteren Bildteil dargestellten Dienern sind Menschen mit tiefliegenden Augen und spitzer Nase, die offensichtlich aus den „Westlichen Gebieten" stammen, zu erkennen.

51

52. Mädchen der Yugur-Nationalität im Qilian-Gebirge
Die Yugur nennen sich selbst Yaohur. Das ursprünglich ein Nomadenleben führende Volk zog im 14. Jh. durch den Jiayu-Paß und siedelte sich im innerhalb der Großen Mauer liegenden Gebiet des Qilian-Gebirges an.

53. Pappeln am Rand der Oase Ejin

52

53

54

56

55

57

54. Die Ruinen der Stadt Juyan aus der Westlichen Han-Dynastie (206 v. Chr.-24 n. Chr.)
Der Überlieferung nach war die Gegend Nanhu die Heimat des Himmelsrosses. Während der Han-Dynastie lag hier eines der kaiserlichen Weidegebiete. Es wird berichtet, daß der kaiserliche Weideinspektor im Sumpfland wiederholt ein ausgezeichnetes Wildpferd sah. Er fing es ein und überbrachte es dem Kaiser als Geschenk. Dabei erzählte er, dieses Pferd sei ein Himmelsroß. Seitdem wird die Gegend als Heimat der Himmelsrosse bezeichnet.

55. Die Ruine des Yangguan-Passes aus der Han-Zeit, ca. 70 km südwestlich von Dunhuang

56. Hier in Xiaofangpan soll sich der Yumen-Paß der Han-Zeit befunden haben.

57. Signalturm mit Holzmieten aus der Westlichen Han-Zeit auf dem Weg zwischen dem Yumen-Paß und dem Lopnor

Der Hexi-Korridor

alle zusammen bildeten ein komplettes Verteidigungsnetz nördlich der Großen Mauer. In der Wüste lassen sich ferner alte Bewässerungskanäle, Felder, Dörfer und Tempel erkennen. Da die bei Juyan stationierten Truppen zugleich Ackerbau betrieben und Land erschlossen, kamen immer mehr Angehörige der Soldaten nach Juyan. So entstanden allmählich größere Siedlungen. Nachdem die Truppen der Han-Dynastie die Hunnen westwärts zurückgetrieben hatten, wurde die militärische Bedrohung des Hexi-Korridors im wesentlichen beseitigt. Juyan verlor als Festung immer mehr an Bedeutung. Doch die Bevölkerung blieb und beschäftigte sich weiter mit Ackerbau.

In diesem Gebiet wurden zahlreiche wertvolle Kulturgegenstände, vor allem aus der Han-Zeit stammende Schrifttäfelchen aus Holz freigelegt. Die große Anzahl solcher Funde überraschte die Archäologen. Bei den ersten Ausgrabungen wurden 10 000 dieser Schrifttafeln freigelegt. Bei einer zweiten Ausgrabungsserie in den 70er Jahren wurden weitere 20 000 Schrifttafeln gefunden.

Der Jiayu-Paß

Der Jiayu-Paß bildet das Westende der als Weltwunder bezeichneten Großen Mauer. Er befindet sich zwischen dem Qilian-Gebirge im Süden und dem Mazong-Gebirge im Norden. An dieser Stelle verläuft die Große Mauer von Süden nach Norden quer durch den Hexi-Korridor und teilt ihn in einen innerhalb der Mauer und einen außerhalb der Mauer gelegenen Teil. Die bis heute erhaltene Paßfestung wurde im Jahr 1372 während der Ming-Dynastie angelegt. Damals waren die Küstenprovinzen Chinas wirtschaftlich bereits höher entwickelt als die alten Kulturgebiete im Westen des Landes. Mit der Entwicklung des Schiffbaus und des Seeverkehrs verlor die „Seidenstraße" mehr und mehr an Bedeutung. Um den Seeverkehr weiter zu fördern, schickte die Ming-Regierung gewaltige Flotten unter Leitung Zheng Hes siebenmal in die Länder Südostasiens, am Indischen Ozean und zu den arabischen und ostafrikanischen Küstenstaaten. Der Bau des Jiayu-Passes diente in dieser Situation eher militärischen Zwecken als der Förderung des innerasiatischen Landverkehrs. Der Jiayu-Paß mit seinen 11,7 Meter hohen Mauern war in alter Zeit kaum zu bezwingen. Deshalb wird der Paß seit alters als „Unbezwingbarer Paß auf Erden" bezeichnet. Die Mauerkrone ist mit Brustwehren aus Ziegeln und mit Schießscharten versehen. Aus den hohen Tortürmen konnten die Kommandanten die feindlichen Streitkräfte außerhalb des Passes überblicken. Die Gesamtanlage besteht aus einem inneren und einem äußeren Teil. Der innere Teil war militärische Sperrzone, während der äußere mit einem Eingang für Reisende und Handelskarawanen versehen war. Nordöstlich des Jiayu-Passes gibt es in der Gobi viele alte Gräber. 1972 und 1973 wurden acht von ihnen freigelegt. Sechs enthielten insgesamt über 600 farbige bemalte Ziegel. Nach Ansicht der Archäologen handelt es sich dabei um Gräber aus der Wei- und Jin-Zeit (220-420). Die bemalten Ziegel sind gut erhalten, ihre Farben scheinen noch frisch. Die Motive sind hauptsächlich dem Alltagsleben entnommen. Die meisten stellen Menschen bei der Arbeit dar, bei Feldbestellung, Ernte, Viehzucht und Jagd. Daneben sind auch die damals gebräuchlichen Ackergeräte abgebildet. Auf einem der Ziegel ist das Pflücken von Maulbeerblättern dargestellt. Offenbar wurde im Hexi-Korridor während der Wei- und Jin-Zeit noch Seidenraupenzucht betrieben.

Yangguan

Der Yangguan- und der Yumen-Paß wurden zum Schutz des Hexi-Korridors, als einem der wichtigsten Abschnitte der Seidenstraße, vor mehr als 2000 Jahren während der Westlichen Han-Dynastie angelegt. Der Yangguan-Paß soll sich 70 Kilometer südwestlich von Dunhuang, am Rand der Nanhu-Oase, befunden haben.

In der Ruine des einstigen Passes sind heute außer den Überresten der vier Meter breiten Festungsmauer nur noch Sandhügel zu sehen. Die sengende Sonne, der Wüstenwind und die Schmelzwasser des Altun-Gebirges haben die alte Zitadelle vollkommen zerstört. In den letzten Jahren wurden dort dennoch zahlreiche Porzellanscherben, Pfeilspitzen, Münzen, Ohrringe und Spinnräder gefunden.

In der Oase östlich der Ruine, die in der Tang-Zeit den Namen Shoucang erhielt, wurde in der Han-Dynastie der Kreis Longle eingerichtet. In der Wüste am nordöstlichen Oasenrand sind noch heute Überreste der alten Kreisstadt zu sehen. Der Überlieferung nach wurde in der Niederung südlich der Oase während der Han-Dynastie die bekannte Pferderasse „Himmelsroß" gezüchtet.

Der Yangguan-Paß hatte in alter Zeit eine strategisch wichtige Bedeutung — die Oase im Osten, Schneegebirge im Süden, Yumen im Norden und die weite Ebene von Rouqiang im Westen. In einem historischen Bericht ist zu lesen, daß man von Rouqiang (in der Han-Zeit Shanshan) aus, am Nordhang des Kunlun-Gebirges entlang, über mehrere Oasen in der Wüste westwärts bis nach Shache gelangte — die Südroute der Seidenstraße. In der ersten Zeit nach Eröffnung der Seidenstraße bildete die Südroute die Hauptverbindung zwischen Ost und West. Der Yangguan-Paß war auf diesem Weg unumgänglich.

Der Yumen-Paß

Der Überlieferung nach befindet sich der Yumen-Paß der Han-Zeit 90 Kilometer nordwestlich von Dunhuang. Das 26 Meter lange und 24 Meter breite, von hohen Mauern umgebene Festungswerk wurde von der lokalen Bevölkerung Xiaofangpan genannt.

Anfang unseres Jahrhunderts kam der Engländer Aurel Stein, der die Seidenstraße bereiste, hierher und stellte anhand einiger freigelegter Dokumente fest, daß sich in Xiaofangpan der Yumen-Paß der Westlichen Han-Dynastie befand. Später hat der chinesische Archäologe Yan Wenru hier zahlreiche Holztäfelchen aus der Han-Zeit entdeckt, von denen eines die Aufschrift „Präfektur Yumen" trägt, wodurch Steins Ansicht untermauert wurde.

Zwanzig Kilometer östlich des Yumen-Passes liegt die Ruine der Stadt Hecang. Hecang, auch Dafangpan genannt, war in erster Linie ein Getreidespeicher für die Versorgung der Grenztruppen der Han. Mit 132 Meter Länge und 17 Meter Breite ist er das größte erhaltene Bauwerk in diesem Gebiet. An der Süd- und Nordmauer fand man acht dreieckige Löcher, die der Luftzirkulation dienten. Das Mauerwerk ist 6,7 Meter hoch. Der Speicher, auf einem zwei Meter hohen Erdfundament ruhend, wurde durch zwei Innenwände in drei Teile gegliedert. Im Osten, Westen und Norden war er zusätzlich von einer schützenden Außenmauer umgeben. Und auf einem südlich gelegenen Hügel war ein hoher Signalturm errichtet.

Unweit des Yumen-Passes finden sich Reste der Großen Mauer aus der Han-Zeit, die im Osten mit der Großen Mauer bei Juyan verbunden war und sich westwärts bis zum See Lopnor erstreckte. Der nur periodisch wasserführende Fluß Shule verbindet die Städte Anxi und Dunhuang und fließt dann westwärts dem Lopnor zu. Bei Dunhuang wird der Shule ein unterirdischer Fluß, der an manchen Stellen als Quellwasser zu Tage tritt. Die Große Mauer und die Handelsstraße in ihrer Nähe folgten im großen und ganzen dem Lauf dieses unterirdischen Flusses.

Die aus festgestampfter Erde und Schilf aufgeführte Große Mauer der Han-Zeit ist 2,6 Meter hoch und an der Basis drei Meter breit. Zwar ist sie nicht so imposant wie die Große Mauer der Ming-Zeit, aber sie war immerhin stark genug, die Kavallerie der Hunnen aufzuhalten. Südlich der Großen Mauer waren in einem Abstand von fünf Kilometern Signaltürme angelegt, auf denen bei feindlichen Angriffen Warnfeuer entzündet wurden. Zu diesem Zweck wurden bei jedem Signalturm Holzmieten und Soldatenunterkünfte angelegt.

Der Yangguan-Paß, der Yumen-Paß und die Große Mauer waren wichtige militärische Anlagen, die die Westliche Han-Dynastie zur Sicherung des Verkehrs entlang der Seidenstraße angelegt hatte. Da die Hunnen vor allem vom Norden her eindrangen, wurde der Yumen-Paß stärker mit militärischen Anlagen versehen als der Yangguan-Paß. Vom Yumen-Paß aus erreicht man westwärts den Lopnor und nordwärts das Turpan-Becken. Hier lag die Nordroute der Seidenstraße in der Han-Zeit. Alle Gesandten, Truppen und Handelskarawanen, die entlang der Seidenstraße nach Turpan, Yanqi, Kuqa, Kashi, Fergana und Samarkand zogen oder von dort kamen, mußten den Yumen-Paß passieren.

Die Dunhuang-Grotten — Schatzkammer der buddhistischen Kunst

58. Porträt einer Pilgerin
Detail der Wandmalerei in der Mogao-Grotte Nr. 17 (Nordwand) aus der Spätzeit der Tang-Dynastie (821 bis 907)

59

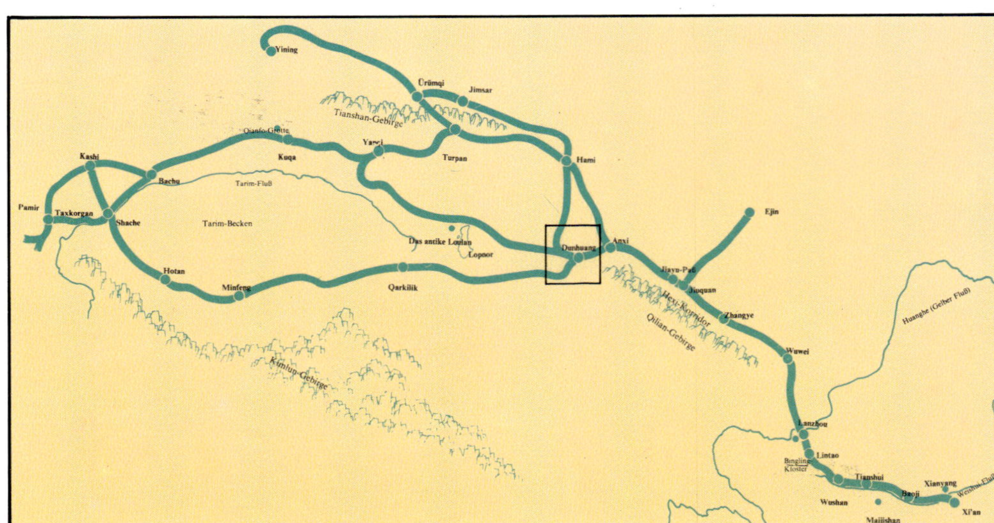

59. Die Mogao-Grotten bei Dunhuang

Die Dunhuang-Grotten
—Schatzkammer der buddhistischen Kunst

EINER schimmernden Halskette gleich zieht sich die Seidenstraße durch die Geschichte der menschlichen Zivilisation. Dunhuang ist eine besonders kostbare Perle an dieser Kette. Die Dunhuang-Kunst mit all ihrer Pracht hält die Welt in Atem. Jeder Kunstliebhaber, der sich für die alte Seidenstraße interessiert, kommt in Dunhuang auf seine Kosten.

Rückblick auf die Geschichte

Warum sind die Grotten ausgerechnet in dieser von Wüste dicht umgebenen Gegend westlich des Hexi-Korridors entstanden?

Der Danghe-Fluß, gespeist durch die Schmelzwasser des Qilian-Gebirges,bewässert die Oase bei Dunhuang. Seit alters weideten dort die Hirtenvölker verschiedener Nationalitäten Chinas ihre Herden. 121 v. Chr. wurde der Hexi-Korridor in das Westliche Han-Reich eingegliedert. Viele Auswanderer aus Zentralchina ließen sich dort nieder. Historischen Aufzeichnungen zufolge umfaßte die größte Auswanderergruppe 700 000 Menschen. Die Übersiedler betrieben Feldbau, verwandelten einen Teil der Wüste durch planvolle Bewässerung in fruchtbares Ackerland, legten Siedlungen an und umgaben sie mit Mauern. 111 v. Chr. errichtete die Westliche Han-Dynastie die Präfektur Dunhuang. „Dunhuang" bedeutet „Aufblühen". Durch den während dieser Zeit schwungvoll wachsenden Karawanenverkehr herrschte hier bald Hochbetrieb. Dunhuang war damals ein Sammelpunkt des wirtschaftlichen und kulturellen Austauschs zwischen China und den „Westlichen Gebieten", es wurde zu einer Metropole im Nordwesten.

Historische Aufzeichnungen berichten, daß sich bereits vor 4000 Jahren ein Stamm aus dem Gebiet des Mittel- und Unterlaufs des Changjiang am Fuß des Sanwei-Berges, eines Ausläufers des Qilian-Gebirges, ansiedelte. Die Übersiedler während der Han-Dynastie (206 v. Chr.-220 n. Chr.) brachten fortgeschrittene Kultur mit. Während der Wei- und Jin-Dynastie (220-420) entwickelten sich hier Produktionstechniken, Wissenschaft und Kunst. In Ackerbau, Malerei und Architektur stand die Region nicht wesentlich hinter Zentralchina zurück. Zu dieser Zeit verbreitete sich auch der Buddhismus in China. Der in Rouzhi (im heutigen Afghanistan) geborene Mönch und Gelehrte Dharmaraka lebte in Dunhuang und wird als „Bodhisattva von Dunhuang" gerühmt. Schon als Achtjähriger hatte er mit seinem Lehrer die „Westlichen Gebiete" bereist und sich mit verschiedenen Sprachen bekannt gemacht. Er brachte buddhistische Sutren mit, übersetzte sie in Dunhuang aus dem Sanskrit ins Chinesische und hielt Predigten darüber. Im Jahre 400 errichtete ein Han-General die Xiliang-Administration und machte Dunhuang zu seiner Hauptstadt. Er zog hier seine Truppen zusammen, um den Yangguang-Paß und den Yumen-Paß zu verteidigen und die Gegend urbar zu machen. Die Administration förderte die Landwirtschaft, gründete Schulen und zog viele Tausende Übersiedler aus dem Einzugsgebiet des Changjiang, des Hanshui-Flusses und vom Unterlauf des Huanghe ins Land. Diese Maßnahmen trugen zur weiteren wirtschaftlichen und kulturellen Entwicklung der Gegend bei. Im 5. Jahrhundert verfaßte der Dunhuanger Kan Mayin das geographische Werk „Chronik der 13 Bezirke", in dem er ausführlich über die Veränderungen der administrativen Einteilung der verschiedenen Gebiete seit der Qin- und Han-Dynastie berichtete und ihre geographischen Bedingungen sowie ihre sozialökonomischen Besonderheiten schilderte. Der englische Wissenschaftler Joseph Needham nennt das Buch „das älteste umfassende Geographiewerk Chinas". In der Sui-Dynastie (581-618) und der Tang-Dynastie (618-907) zeichnete sich China durch staatliche Einheit, Völkerverschmelzung, wirtschaftlichen Aufschwung und kulturelle Blüte aus. Der Verkehr zwischen China und den „Westlichen Gebieten" entwickelte sich. Dunhuang bildete den Verkehrsknotenpunkt, in dem jetzt die Südroute und die „neue Nordroute" der nach den „Westlichen Gebieten" führenden Seidenstraße zusammenliefen. Während seiner Hochblüte zählte Dunhuang 800 000 Einwohner. Der Buddhismus erlebte einen neuen Aufschwung und mit ihm die buddhistische Kunst. Es gab keine Ortschaft der Region, in der nicht Tempel, Klöster und Pagoden errichtet wurden.

Auf diesem Nährboden entstand die Dunhuang-Kunst — Spiegelbild der orientalischen Zivilisation.

Die Entstehung der Mogao-Grotten

Die Grottenkunst von Dunhuang umfaßt die Mogao-Grotten, die Yulin-Grotten und die

Die Dunhuang-Grotten —Schatzkammer der buddhistischen Kunst

Grotten der „Westlichen Tausend Buddhas", wobei die Mogao -Grotten den größten und künstlerisch bedeutendsten Grottenkomplex darstellen.

Die Mogao-Grotten, 25 Kilometer südöstlich der Stadt Dunhuang gelegen, sind vom Sanwei-Berg und vom Mingsha (klingender Sand)-Berg umgeben. Die Landschaft bietet einen einzigartigen Anblick: inmitten unendlicher Wüste gedeihen üppige Bäume am Rand eines klaren Baches. Der Sanwei-Berg ist reich an Mineralien. Im Licht der untergehenden Sonne leuchtet der tiefrote Sandstein des Berges in goldenen Farben auf. Es entsteht eine Art Fata Morgana, die die Phantasie der Menschen beflügelte.

Dieses Naturschauspiel war der unmittelbare Anlaß für den Bau der Mogao-Grotten vor 1600 Jahren.

Auf einer Steintafel aus der Tang-Dynastie findet man folgende Inschrift:„Es war im Jahre 366. Der hochgeehrte Mönch Le Zun, der dem weltlichen Leben entsagt hatte, war viel unterwegs. Er wanderte, auf seinen Khakkhara (Pilgerstock) gestützt, durch Wälder und Wüste. Eines Tages gelangte er in der Abenddämmerung an den Fuß des Sanwei-Berges. Als er nach allen Seiten Ausschau hielt, sah er, daß der Berg in Tausende goldener Strahlen getaucht war, als ob Tausende Buddhas in Erscheinung träten. Der fromme Mönch sah darin einen Wink Buddhas und entschloß sich, am Osthang des gegenüberliegenden Mingsha-Berges die erste Grotte zu Meditationszwecken aus dem Felsen zu hauen.

Mit der Ausbreitung des Buddhismus wurden immer mehr Grotten angelegt, deren Zahl in der Tang-Dynastie die Tausend überschritt. Jahrhundertelang waren die Grotten seitdem der Verwitterung ausgesetzt und teilweise unter Treibsand verschüttet, dennoch sind bis heute 492 Höhlen gut erhalten, die zwischen dem 4. und 14. Jahrhundert angelegt wurden. Die Mogao-Grotten mit ihren 45 000 Quadratmeter überdeckenden Wandmalereien und 2000 farbigen Skulpturen sind nach wie vor eine der größten Schatzkammern der buddhistischen Kunst auf der Erde.

Buddhistisches Wunderland vom großen Leiden und der großen Güte

Selbst eine flüchtige Besichtigung der Mogao-Grotten mit ihrer überwältigenden Fülle hinterläßt einen unvergeßlichen Eindruck. Ob die vom Mönch Le Zun angelegte erste Höhle erhalten ist und wo sie gelegen haben kann, läßt sich nicht mehr feststellen. Die bis heute erhaltene älteste Grotte stammt aus der Spätzeit der Sechzehn Reiche, in die der Nordwesten Chinas zwischen 304 und 439 geteilt war. Der Grundcharakter der während der Periode der Sechzehn Reiche, der Nördlichen Wei-Dynastie (386-534) und der Westlichen Wei-Dynastie (535-557) angelegten Grotten ist durch würdevolle farbige Buddhastatuen vor einem Hintergrund urwüchsig hingeworfener Wandmalereien gekennzeichnet, einem Sinnbild des buddhistischen Glaubenslandes vom großen Leiden und der großen Güte.

Die Lebensgeschichte und die Wohltaten Sakyamunis in seiner früheren Existenz, der zu Lebzeiten Siddhartha Gautama hieß, nehmen einen herausragenden Platz in den Wandmalereien der Grotten ein. Der Held wird als Leidender dargestellt.

Die Wandmalerei „Leidensgeschichte des Königs Sivi" in Grotte Nr. 275 (aus der Spätzeit der Sechzehn Reiche) schildert, wie der nordindische Prinz Sivi (eine frühere Existenz von Sakyamuni) mit seinem eigenen Fleisch einen Adler füttert, um eine kleine Taube zu retten. Die vom hungrigen Adler gejagte Taube bittet König Sivi um Hilfe. Sivi nimmt die Taube in Schutz. Daraufhin fragt ihn der Adler: „Eure Hoheit wollte doch alle Lebewesen von den Leiden erlösen, warum denn nicht mich? Wenn ich nichts zu essen bekomme, verhungere ich." Daraufhin beschließt Sivi, sich ein Stück Fleisch aus seinem eigenen Körper schneiden zu lassen, das dem Gewicht der Taube entspricht — aus beiden Beinen, seinen Armen und Achseln. Aber das Gewicht der Taube wird damit noch nicht erreicht. Schließlich steigt Sivi selbst auf die Waage und opfert sich für die Taube. Das Bild zeigt den mit angezogenen Beinen dasitzenden Sivi, eine Taube auf der Handfläche haltend. Seine Gelassenheit bildet zu dem grimmigen, das Fleisch aus seinem Körper schneidenden Bedienten einen scharfen Kontrast. In der Darstellung wird Sivis Leiden durch seine Seelenruhe aufgehoben.

In Grotte Nr. 254 aus der Zeit der Nördlichen Wei-Dynastie befindet sich das Fresko „Prinz Mahasattra Jalaka bietet sich einem hungrigen Tiger zur Nahrung an". Die Szene illustriert folgende Legende: Um den hungrigen Tiger zu retten, wirft sich Prinz Mahasattra Jalaka (ebenfalls eine frühere Existenz Sakyamunis) vor ihn. Der Tiger aber ist so geschwächt, daß er nicht die Kraft aufbringt, den Prinzen zu fressen. So sticht sich der Prinz mit einem spitzen Bambusrohr in den Nacken und gibt dem Tiger sein Blut zu lecken. Der Tiger stärkt sich durch das Blut und frißt schließlich den Prinzen auf. Auch die sieben Tigerjungen werden durch den Opfertod gerettet. Unmittelbar neben dieser Szene sind die nach ihm suchenden Brüder, die trauernden Eltern sowie der Bau eines Stupas als Grabstätte für den Prinzen dargestellt. Die unbekannten Künstler haben die wichtigsten Begebenheiten der Legende geschickt auf einem einzigen Bild untergebracht. Tiefblaue Farbe, gemischt mit kalten Farben wie grün, grauschwarz und weiß, drückt die düstere Stimmung des Geschehens aus.

In solchen Bildern großen Leidens wollte man die alles aufopfernde Güte Buddhas in seinen früheren Inkarnationen hervortreten lassen. Das Wort „Buddha" bedeutet in Sanskrit der „Weise" oder der „Erleuchtete". In einer über alles Weltliche erhabenen Darstellungsweise verkörpern die frühen Statuen in Dunhuang die Weisheit und Erkenntnis, mit der der Buddha alles Leid der Welt durchschaut. Die überdimensional großen Buddhafiguren, ihre abgemagerten Gesichtszüge und die dicht anliegenden Falten der Gewänder weisen indische Stilelemente auf. Thronend vor der rückwärtigen Wandmalerei weckt die Grotte den Eindruck: je größer die Spannungen, die Unruhe und das Leid in der Welt sind, desto gelassener und erhabener ist der Buddha.

Das orientalische Lächeln

Die Kunst ist kein Sklave der Religion. Wo und wann auch immer — die Künstler streben danach, ihre eigenen Erkenntnisse, Haltungen und Gefühle zum Leben in ihren Werken kenntlich zu machen. Dies gilt auch für die unbekannten Künstler der Mogao-Grotten. Das Deckengemälde „Jagdbild" aus der Nördlichen Wei-Dynastie in Grotte Nr. 249 enthält folgende Szenen: Ein berittener Jäger zielt mit seinem Pfeil auf drei Gazellen; ein anderer Jäger wendet sich um, um einen Tiger zu erlegen. Selbst in den Buddhadarstellungen bemühte man sich darum, das menschliche Schönheitsideal der Zeit zum Ausdruck zu bringen. Die Weisheit Buddhas, seine Erhabenheit über alles Weltliche, seine edle Figur, all das entspricht dem Schönheitsideal, das der Aristokratie der Wei- und Jin-Dynastie vorschwebte. Die Buddhastatue in Grotte Nr. 259 ist besonders lebensnah dargestellt: Kopf, Hände und Körper stehen im richtigen Verhältnis zueinander; durch angehobene Augenbrauen und leicht nach oben gezogene Mundwinkel wird ein offenherziges Lächeln angedeutet. Das Bildwerk wird als „orientalische Mona Lisa" gerühmt. Dieses orientalische Lächeln in seiner Schlichtheit und Wärme versinnbildlicht das den Menschen innewohnende Bewußtsein ihrer selbst unter der Theokratie, ein Lichtstrahl im strengen Reich Buddhas für die Menschenwelt.

Erbe und Vorbild

Die Kunst aus der Zeit der Nördlichen Wei-Dynastie zeichnete sich, in Anlehnung an die Kunsttradition der Han-Zeit, durch starke Stilisierung, einfache Linienführung und kühne Farbgebung aus, nahm aber zugleich Elemente der indischen buddhistischen Kunst in sich auf. Die Verbindung ausländischer religiöser Motive mit den traditionellen Formen der chinesischen Kunst stieß durchwegs auf gestalterische Probleme. Daher ist den Kunstwerken aus dieser Zeit eine gewisse Starrheit eigen. Während der Nördlichen Zhou-Dynastie (557-581) und der Sui-Dynastie (581-618) wandelten sich Formgebung, Motive und Stil zusehends. Ein Verschmelzungsprozeß mit dem nationalen Stil vollzog sich, der in der glanzvollen Tang-Kunst gipfelte. Unter den farbigen Sui-Plastiken fallen die Figuren Anandas und Mahakasyapas auf. In Grotte Nr. 419 wird ein gütig lächelnder Mahakasyapa dargestellt. Sein Lächeln entspricht dem natürlichen Ausdruck eines leidgeprüften Mannes, der sich mit dem Erreichten zufriedengibt. Seine mühsam offengehaltenen Augen, die spärlichen Zähne, das von Falten durchzogene Gesicht, die hervortretenden Sehnen im Nacken — das alles erinnert an asketische Mönche, die sich durch Treibsand und über vereiste Berge hinweg auf der alten Seidenstraße vorwärtsmühten, bis sie schließlich, allen Mühen und Gefahren zum Trotz, mit einem stillen, befriedigten Lächeln ihr Ziel erreichten. In Grotte Nr. 296 kann man Wandmalereien mit weltlichen Themen aus der Nördlichen Zhou-Zeit bewundern: Eine

60

61

62

60. „Prinz Mahasattra Jalaka bietet sich dem Tiger zur Nahrung dar“
Wandmalerei in Grotte Nr. 254 aus der Nördlichen Wei-Dynastie (386-534)

61. Farbige Buddhastatue in Grotte Nr. 259 aus der Nördlichen Wei-Zeit (386-534)

62. Jagdbild
Wandmalerei in Grotte Nr. 249 aus der Westlichen Wei-Dynastie (535-557)

63

64

65

66

63. „Das reine Land des Westens" zeigt das Westliche Paradies, den Aufenthaltsort des Buddha Amitabha. Wandmalerei in Grotte Nr. 217 aus der Blütezeit der Tang-Dynastie (713-761)

64. Bildnis eines Himmelsfürsten
Skulptur in Grotte Nr. 46 aus der Blütezeit der Tang-Dynastie (713-761). Die buddhistischen Wächtergottheiten werden sowohl in Han-Kleidung wie auch in der Kleidung der „Westlichen Gebiete" dargestellt. Die Abbildung zeigt den Typus in der Kleidung der „Westlichen Gebiete".

65. Das *Zheng*-Spiel des Prinzen Shan You
Wandmalerei in Grotte Nr. 85 aus der Spätzeit der Tang-Dynastie (821-907). Prinz Shan You begab sich aufs Meer, um nach einem Schatz zu suchen. Durch einen Anschlag seines Bruders E You verlor er sein Augenlicht. In einem fremden Land fristete er ein kümmerliches Leben. Eines Tages, als er unter einem Baum *Zheng* (ein zitherähnliches mehrsaitiges Instrument) spielte, erblickte ihn eine Prinzessin und verliebte sich in ihn. Die beiden heirateten und kehrten in die Heimat des Prinzen zurück.

66. Bodhisattvastatue in Grotte Nr. 194 aus der Mitte der Tang-Dynastie (762-820)

Die Dunhuang-Grotten
—Schatzkammer der buddhistischen Kunst

Karawane trifft auf einen Brunnen mit süßem Wasser. Die Wagen werden an der Seite des Brunnens abgestellt, Kamele stillen ihren Durst, Pferde fressen, die Reisenden ruhen sich aus oder tränken und füttern unter Gelächter und Scherzworten ihre Tiere. Die Szene gibt die Freudenstimmung einer Karawane beim Eintreffen an einer Wasserstelle auf der alten Seidenstraße wieder. Daneben sieht man zwei Kaufleute aus Mittelchina mit ihren vollbeladenen Kamelen eine Brücke passieren, während einige Kaufleute aus den Westländern mit ihrer Kamelkarawane an der Brücke warten—eine Widerspiegelung der höflichen Umgangsformen zwischen chinesischen und ausländischen Kaufleuten im 6. Jahrhundert. In Grotte Nr. 420 schildert das Bild „Reise einer Karawane" die Schwierigkeiten und Gefahren auf dem damaligen Handelsweg nach den „Westlichen Gebieten". Unter den Fresken aus der Zeit der Sui-Dynastie ist eine im Stil der sechs Südlichen Dynastien (220-589) geschaffene Darstellung Vimalakirtis, eines buddhistischen Laien, besonders erwähnenswert. Sie gibt auf lebendige Weise das krankhafte Aussehen und die feste Haltung Vimalakirtis im Streitgespräch wieder.

Paradies und Menschenwelt

In den während der Tang-Dynastie angelegten Grotten zeichnen sich die Wandmalereien durch Farbenpracht und Üppigkeit aus. Das eine ganze Grottenwand beanspruchende Fresko „Das Reine Land des Westens" (Paradies) ist ein Beispiel dafür (Grotte Nr. 217). In der Mitte thront Buddha Amitabha auf seinem Lotossitz, links und rechts flankiert von den Bodhisattvas Avalokiteshvara (im Chinesischen: Guanyin) und Mahasthamaprapta, der wieder andere Bodhisattvas zu beiden Seiten hat. Vor Amitabha bieten anmutige Mädchen Tänze dar, von seitlich aufgestellten Musikanten begleitet. Am unteren Bildrand flattern über einem Lotosteich heilige Vögel. Hinter Amitabha ragen zwei heilige Bobäume und reich bemalte, mit Schnitzereien verzierte Pavillons auf. Darüber treiben bunte Wolken, anmutige Apsaras tanzen dem Wind entgegen, buntbebänderte Musikinstrumente schweben dahin. Der unbekannte Maler hat seiner Einbildungskraft freien Lauf gelassen und die blühende Tang-Dynastie zum Paradies erhoben. Paradies und Menschenwelt verschmelzen zu einem harmonischen Ganzen.

Die Kunst der Tang-Dynastie verband die transzendente Welt der Religion mit der irdischen Realität, führte die fremde Kunst harmonisch mit den nationalen Traditionen zusammen. Die buddhistische Kunst der Dunhuang-Grotten erreichte in der Tang-Dynastie ihren Höhepunkt.

In der buddhistischen Kunst gelten die anmutigen Apsaras als duftende Bodhisattvas, die gut musizieren und tanzen können. In den Tang-Fresken werden sie weder wie die geflügelten Wesen der Han-Malerei, noch wie die Engel der griechischen Mythologie oder die Dewi der altindischen Legendenwelt als über den Wolken und Nebeln fliegende Wesen dargestellt. Die Tang-Künstler lassen die Apsaras im Wind dahin schweben und umgeben sie mit fliegenden Bändern, die ihre weibliche Anmut unterstreichen. Die frisches Obst in Händen haltenden, die musizierenden oder Blumen streuenden Apsaras bieten mit ihrer zauberisch-schwebenden Haltung und ihrer ausdruckskräftigen Mimik dem Betrachter einen hohen künstlerischen Genuß.

Ausgeprägte Individualität

Die farbigen Skulpturen der Tang-Dynastie sind deutlicher national geprägt als in den früheren Jahrhunderten.

Die 26 Meter hohe Buddhastatue in Grotte Nr. 130 aus der Blütezeit der Tang-Dynastie (713-766) ist mit ihren ausgewogenen Proportionen, ihrem sanften Gesichtsausdruck und dem gütigen Lächeln repräsentativ für Chinas buddhistische Plastik.

Die Skulpturen der Tang-Zeit betonen die Herausarbeitung einer kontrastreichen Individualität. Buddha wird würdevoll und sympathisch dargestellt, Ananda naiv und klug, Mahakasyapa erfahren und selbstsicher, die Bodhisattvas sanftmütig, die Himmelsfürsten tapfer und furchterregend, die Wächter kräftig und verwegen. Jede Figur ist lebendig gestaltet. In der Tang-Zeit sagte man: „Die Hofdamen sehen wie Bodhisattvas aus". In Wirklichkeit aber waren die Bodhisattvas den hübschen Hofdamen nachgebildet. Wie Leonardo da Vinci nach dem Vorbild einer schönen Dame sein Meisterwerk „Mona Lisa" schuf, so schufen die Tang-Künstler ihre Gestalten nach dem Leben. Der als „Vater der Plastik" gefeierte Yang Huizhi bildete zum Beispiel den Künstler Liu Beiting so genau nach, daß man ihn von hinten erkennen konnte. Die Feen-Figuren im Kloster Baoying in der damaligen

Die Dunhuang-Grotten
— Schatzkammer der buddhistischen Kunst

Hauptstadt Chang'an waren den Hausmusikerinnen des Fürsten Wei Yuanzhong nachgebildet. Die Bodhisattvafigur in Grotte Nr. 194 vom Ende des 8. Jahrhunderts ist zweifellos einer bezaubernd lächelnden Dame mit anmutiger Figur und zarter Haut nachgebildet. Die Wächterfiguren der Tang-Zeit sehen dagegen ganz anders aus. Auf ihrem entblößten Oberkörper treten die Muskeln und Adern hervor, als ob sie mit aller Wucht würden losschlagen wollen. Diese Gestalten erinnern durchaus an Michelangelos Plastiken.

Reale Umwelt

In der Kunst der späten Tang-Dynastie (821-907) nahm das irdische Leben einen besonderen Platz ein. Das Wandbild „Zhang Yichao erobert Hexi zurück" in Grotte Nr. 156 ist ein typisches Beispiel dafür. Wiedergegeben werden Kriegshandlungen des Jahres 851. Zhang Yichao besiegt im Kampf die Armee des Tubo-Reiches. Dargestellt sind hundert Krieger und mehr als achtzig Pferde, die mit Horn- und Trommelsignalen und unter flatternden Fahnen in die Schlacht ziehen — eine acht Meter lange Wandfläche, die ausschließlich einem zeitgenössischen Thema vorbehalten war. In Grotte Nr. 98 ist das aus den Fünf Dynastien (907-960) stammende, über zwei Meter hohe Bildnis von Li Shengtian, dem König von Yutian, zu sehen. Es ist das größte Bildnis eines Stifters in den Mogao-Grotten und vermittelt konkrete Anschauung der Gestalt und der Kleidung der Bewohner von Hotan in der damaligen Zeit. Die Wandmalereien der Song-Dynastie (960-1279) zeigen das Menschenleben in all seiner Vielfalt. Das „Wutai-Gebirge" (13,5 m x 5 m) in Grotte Nr. 61 porträtiert beispielsweise die Landschaft zwischen Taiyuan (Provinz Shanxi), dem Wutai-Gebirge, einem der „heiligen Gebirge" des chinesischen Buddhismus, und Zhenzhou (heute Kreis Zhengding, Provinz Hebei). Inmitten der Landschaft sind vielfältige Szenen aus dem täglichen Leben festgehalten wie Häckselschneiden, Getreidemahlen und Reisstampfen, Gütertransport auf Tragstangen und Zugtieren sowie eine Übernachtung in einem Wirtshaus. Außerdem sind über 170 Bauwerke — Brücken, Stadtwälle, Tempel, Pavillons, Pagoden, Läden — zu sehen. Das Gemälde ist nicht nur eine bis heute nutzbare geographische Darstellung, es ist auch ein originelles Bildwerk von Landschaften und Menschen seiner Zeit. Die Grottenkunst der Yuan-Dynastie (1271-1368) verrät deutlich den Einfluß der lamaistischen Mi-Sekte des Mahayana-Buddhismus. In Grotte Nr. 465 werden auf mehr als sechzig Bildern Szenen aus dem Alltag wiedergegeben: Menschen beim Weben, auf der Rinderweide, bei der Herstellung von Keramik und bei der Zähmung eines Tigers.

Afrikaner in der Dunhuang-Kunst

Die Kunst von Dunhuang bezeugt auf vielfältige Weise die freundschaftlichen Kontakte zwischen China und dem Ausland. Sie hält den Karawanenverkehr auf der alten Seidenstraße fest, schildert Menschen verschiedener Volksgruppen im Nordwesten Chinas und westlich des Pamir. In den Wandmalereien der Yulin-Grotten aus der Tang-Zeit finden sich sogar Gestalten von Afrikanern.

Die Yulin-Grotten befinden sich inmitten der Gebirgsketten 70 Kilometer südlich des Kreises Anxi, nicht allzu weit von Dunhuang entfernt. In den 41 Höhlen sind auf über 1000 Quadratmeter Fresken seit der Tang-Dynastie erhalten. Die Werke aus dieser Zeit sind von besonders hoher künstlerischer Qualität.

In der Tang-Dynastie wurden die Afrikaner „Kunluner" genannt. Sie kamen über Land, aber auch zur See nach China. Die auf dem Seeweg Reisenden segelten von der afrikanischen Ostküste aus ostwärts, überquerten den Indischen Ozean und kamen über Südostasien nach Guangzhou. Der Landweg führte von Ostafrika aus durch die Sahara zum Ostrand des Mittelmeeres und über die Iranhochebene die Seidenstraße entlang nach Xinjiang. Im Jahr 628 trafen afrikanische Gesandte in China ein und brachten nicht nur Elfenbein und Gewürze, sondern auch Zeugnisse ihrer Kultur und Kunst mit. Der überall in China beliebte Löwentanz stammt aus dieser Zeit. Wie im modernen Löwentanz auch traten damals Menschen als Löwen auf, ahmten ihre Bewegungen und Gebärden nach. In der Tang-Zeit nahmen am Löwentanz fünf „Löwen" teil. In jeder Himmelsrichtung nahm ein Löwe Aufstellung, einer stand in der Mitte. Zwei Afrikaner traten als Tierbändiger auf. Dahinter hatten eine Tanzgruppe und eine Kapelle mit insgesamt 110 Mitgliedern Aufstellung genommen. Es erübrigt sich zu erwähnen, daß die Tierdressur bei der Tanzvorführung die Hauptrolle spielte.

In der Grotte Nr. 25 der Yulin-Grotten finden sich auf einer Wandmalerei zwei Afrikaner, von denen einer einen Löwen dressiert. Die Zügel

67

67. „Zhang Yichao erobert den Hexi-Korridor zurück“
Wandmalerei in Grotte Nr. 156 aus der Spätzeit der Tang-Dynastie (821-907)

68

68. Feldbestellung
Wandmalerei in Grotte Nr. 61 aus der Song-Dynastie (960-1279)

69. Bodhisattva Manjusri auf einem Löwen reitend
Wandmalerei in Grotte Nr. 25 der Yulin-Grotten aus der Mitte der Tang-Dynastie (762-820)

70. Musikanten und Tänzerin
Detail aus einem Wandbild zum Thema „Das Reine Land des Westens“ in der Mogao-Grotte Nr. 112 aus der Mitte der Tang-Dynastie (762-820)

69

70

Die Dunhuang-Grotten
—Schatzkammer der buddhistischen Kunst

fest in den Händen haltend, versucht er mit ganzer Kraft den von Bodhisattva Manjushri gerittenen Löwen zu bändigen, einen Löwen mit starren Augen, weit geöffnetem Maul und erhobenem Kopf. Der andere Afrikaner ist als Elefantenführer dargestellt. Ein von Samantabhadra gerittener Elefant mit Stoßzähnen bewegt sich langsam und gemächlich vorwärts, der Afrikaner treibt ihn mit der Peitsche voran. Wie unterschiedlich beide Gestalten in Mimik und Haltung auch ausgeführt sind, ihnen haben zweifellos Afrikaner als Modell gedient. Die künstlerische Gestaltung von Vertretern des schwarzen Kontinents, die man sonst in der chinesischen Wandmalerei und Plastik selten antrifft, sind beredte Zeugnisse des freundschaftlichen Verkehrs zwischen China und Afrika bereits vor mehr als tausend Jahren.

Die Höhle der Sutren

Anfang unseres Jahrhunderts lenkte eine sensationelle Entdeckung die Aufmerksamkeit der akademischen Kreise der Welt auf sich: die Entdeckung der Höhle zur Aufbewahrung von Sutren in Dunhuang.

Die Grotte Nr. 17 der Mogao-Grotten ist in Wirklichkeit eine Nebenkammer von Grotte Nr. 16, die 851 angelegt wurde. In der Höhle befindet sich eine sitzende Statue, die den Mönch Hong Gong in Meditationshaltung zeigt. Hong Gong wurde vom Tang-Kaiser zum „Höchsten Abt des Hexi-Gebietes" ernannt und war zuständig für die buddhistischen Angelegenheiten in der Gegend von Dunhuang. Auf der Rückwand sind zwei heilige Bobäume, Symbole der buddhistischen Meditation, sowie eine Pilgerin mit vollem Gesicht und leicht gewölbten Augenbrauen dargestellt. In der rechten Hand einen Sakralstab und in der linken ein langes weißes Tuch haltend, strahlt sie die Anmut der Frauenschönheit der Tang-Zeit aus. Der Pilgerin und dem frommen Mönch war die ewige Ruhe nicht gegönnt. 1035 besetzten die Qiang-Stämme, die später das Xixia-Reich (1038-1227) gründeten, das Gebiet des Hexi-Korridors. Die Mönche der Mogao-Grotten verwahrten buddhistische Sutren, wichtige Dokumente und wertvolle Kunstgegenstände in Grotte Nr. 17, um sie vor Kriegsschädigung zu schützen. Der Eingang der Grotte wurde zugemauert und übermalt. Im Laufe vieler Jahrzehnte wurde die Wand von Treibsand zugeschüttet. Die Existenz der Nebenhöhle geriet in Vergessenheit.

Am 26. Mai 1900 ließ der Taoist Wang Yuanlu den Sand entfernen und fand breite Risse in der dahinter liegenden Wand. Mit seiner Pfeife klopfte er diese für eine Felswand ungewöhnliche Stelle ab und stellte fest, daß sich dahinter ein Hohlraum befinden müsse. Das Wandstück wurde niedergerissen, dahinter tat sich ein 2,7 Meter langer und 1,6 Meter breiter Geheimraum auf, in dem sich Rollen buddhistischer Sutren, Dokumente, Gemälde und Opfergegenstände bis zur Decke stapelten. 865 Jahre lang lagen sie hier verborgen!

Aufbewahrt waren insgesamt 60 000 Kulturgegenstände aus dem 5. bis 11. Jahrhundert. Es gab nicht nur Handschriften in Chinesisch, in Sanskrit, in Uigurisch, Alt-Tibetisch, in der Qiuci-Schrift und in der Hotan- und Sogden-Schrift, sondern auch gedruckte Bücher, darunter den ältesten Holzschnittdruck der Welt. Die Inhalte der Bücher reichten von buddhistischen Sutren und Vertragsdokumenten bis hin zu astronomischen, medizinischen, geschichtlichen, geographischen und literarischen Werken. Feine Stickereien, Seiden- und Papiermalereien fanden sich ebenso wie Kupferstatuen Buddhas. All diese Gegenstände sind wichtige Quellenbelege zur Erforschung der Politik, Wirtschaft, Kultur und Nationalitätenbeziehungen im alten China. In der folgenden Zeit wurden Tausende der Fundobjekte ins Ausland gebracht. Viele chinesische und ausländische Gelehrte widmeten sich der Auswertung der Kulturrelikte von Dunhuang und begründeten damit eine neue Wissenschaftsdisziplin, die „Dunhuangkunde".

Das Geläut der Glöckchen von Mogao

„Das Geläut der Glöckchen von Mogao hat mein ganzes Leben begleitet", erklärte Chang Shuhong, der während seines Kunststudiums in Paris die herrlichen Kunstwerke der Dunhuang-Grotten kennenlernte und sich vierzig Jahre lang der Erforschung dieser Kunstwelt widmete. Es war im Herbst 1935. Der Kunststudent Chang Shuhong lebte schon seit acht Jahren in Paris. Um die westliche Kunst zu studieren, besuchte er oft den Louvre. So fasziniert er von den Kunstwerken der europäischen Meister auch war, es fiel ihm schwer, sich im Dickicht der künstlerischen Richtungen und Stile zurechtzufinden. Eines Tages wanderte er an der Seine entlang und kam an einem Antiquariat vorbei. Dort fand er den vom französischen Sinologen Paul Pelliot

Die Dunhuang-Grotten
—Schatzkammer der buddhistischen Kunst

zusammengestellten Bildband über Dunhuang. Das sechsbändige Werk enthält annähernd 400 Abbildungen von Wandmalereien und Skulpturen aus Dunhuang, die zwischen dem 4. und 14. Jahrhundert geschaffen wurden. Diese tausend Jahre übergreifende anschauliche Kunstgeschichte Chinas begeisterte ihn. Nach der Auskunft des Antiquars besuchte Chang daraufhin das Musée Guimet. Die Tang-Malerei aus dem 7. Jahrhundert überwältigte ihn, die hohen künstlerischen Leistungen des chinesischen Volkes öffneten ihm eine neue Welt. Er war stolz auf die Dunhuang-Kunst seines Vaterlandes. Seine Gedanken eilten in die Heimat. Ein Jahr später trat er die Rückreise an, fest entschlossen, den kulturellen Traditionen seines Volkes zu neuer Geltung zu verhelfen.

Der aus Hangzhou am Westsee gebürtige Chang Shuhong lebte von Kindheit an in einer der schönsten Landschaften Chinas inmitten grüner Berge und blauer Seen. Der junge Maler schwelgte in Formenreichtum und Farben. 1943 traf er nach einer langen, hindernisreichen Reise in Dunhuang ein, wo er immer mehr mit Wüste und Oase verwuchs. Die Glocken an den turmartigen Vorbauten vor den Grottenkomplexen läuteten im Wind der langen Nächte über der weiten, totenstillen Gobi. Fern von seinen Angehörigen, unter schweren Lebensbedingungen widmete sich Chang aufopferungsvoll der Dunhuang-Kunst. Gemeinsam mit einigen Kollegen schützte er die Kunstwerke, kopierte Wandmalereien, verfaßte Bücher, veranstaltete Ausstellungen, um die Dunhuang-Grotten bekannt zu machen. Seine unermüdliche Arbeit wird vom chinesischen Volk hoch geschätzt.

Die Glöckchen auf den Buddha-Grotten läuten, als wollten sie uns von den Mühen in der alten Gesellschaft erzählen. Die Maler und Bildhauer, die diese monumentalen Kunstwerke schufen, hatten ein schweres Los. Manche mußten ihre Kinder gegen Getreide tauschen, um zu überleben. Und wenn sie starben, lagen sie oft vergessen in den dunklen Höhlen, bloß mit dünnen Fetzen Papier zugedeckt. Die Grotten verwitterten und wurden zum Teil von Dünen überdeckt. Zudem waren sie menschlicher Zerstörung ausgesetzt. Von 1905 an wurden über zehntausend alte Bücher und Dokumente geraubt und viele kostbare Wandmalereien und Skulpturen ins Ausland verschleppt. Bisweilen wurden die Höhlen einfach als Kochstelle benutzt...

Diese Situation hat sich geändert. Der Staatsrat der Volksrepublik China hat die Mogao- und Yulin-Grotten zu erstrangigen Schwerpunkt-Objekten des Staatlichen Denkmalschutzes erklärt. Eine dicke Mauer am Mingsha-Berg schützt die Grotten vor Wind und Sand, ein über vier Stockwerke führender Korridor mit Geländern verbindet die Höhlen miteinander. Alle Höhlen wurden renoviert und die Wandmalereien mit Schutzmitteln behandelt. Die Höhlenkunst von Dunhuang liegt nun in den Händen des Volkes. Sie spielt für die Bereicherung des geistigen Lebens, für die Entwicklung der in den nationalen Traditionen eingebetteten modernen Kunst und Kultur eine entscheidende Rolle.

71

71. Drei Hasen mit nur drei Ohren und kreisende Apsaras
Deckengemälde in Grotte Nr. 407 aus der Sui-Dynastie (581-618)

72. Lotosblume umgeben von fliegenden Apsaras
Deckengemälde in Grotte Nr. 329 aus der Tang-Dynastie (618-907)

Die neue nördliche Route entlang

73. Das Barkol-Grasland am Nordhang des Tianshan war in der Sui- und Tang-Dynastie ein wichtiges Durchzugsgebiet der Seidenstraße.

74

75

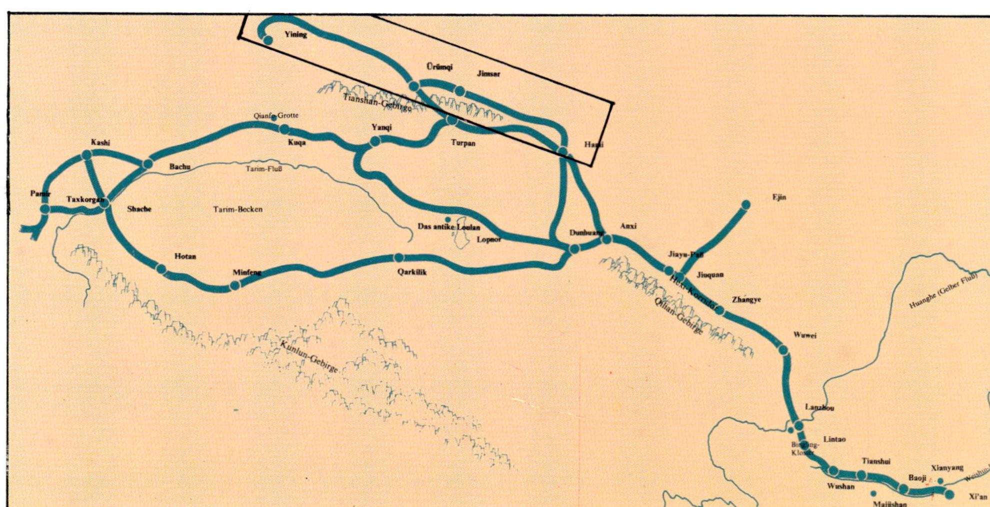

74. Hunnischer Bronzeschmuck mit Widder, ausgegraben in Barkol

75. Bronzespiegel aus der Tang-Dynastie (618-907) Freigelegt in den Ruinen der Präfektur Beiting (heute Jimsar)

76. Der am Fuß des Bogda-Berges im Tianshan in 1900 m Höhe gelegene Tianchi-See (Himmelssee) ist eines der reizvollsten Reiseziele bei Ürümqi.

77. Kasachische Sänger beim Wettstreit

78. In einer Kasachen-Jurte

76

77

78

Die neue nördliche Route entlang

IN Xinjiang teilte sich die Seidenstraße in eine nördliche und eine südliche Route. Sie führten in westlicher Richtung am Nord- bzw. Südhang des Tianshan-Gebirges entlang. Die Südroute verzweigte sich wiederum in einen nördlichen und einen südlichen Weg, die dem Nord-bzw. Südrand des Tarim-Beckens folgten. Infolge der ununterbrochenen Hunnen-Überfälle auf das Gebiet nördlich des Tianshan-Gebirges war die Nordroute der Seidenstraße fast unpassierbar. Die Südroute war daher für den Verkehr zwischen Ost und West von besonderer Bedeutung.

In der Periode der Drei Reiche (220-280) unterwarf sich das Königreich Cheshi, das das Gebiet nördlich des Tianshan beherrschte, der Wei-Dynastie (220-265), wodurch die nördliche Route der Seidenstraße wieder benutzbar und als neue Nordroute bezeichnet wurde. Dieser neue nördliche Weg nahm in Dunhuang seinen Anfang und führte nordwärts durch Hami, überquerte das Tianshan-Gebirge und verlief an dessen Nordhang entlang westwärts nach Yining und weiter den Ili- und Chu-Fluß entlang bis zum Schwarzen Meer und zum Mittelmeer. Seit der Sui- und Tang-Dynastie spielte die Nordverbindung eine wichtige Rolle für den Verkehr zwischen China und den westlichen Ländern.

Die Oase Hami

Zwischen Gansu und Xinjiang erstreckt sich die grenzenlose Gobi, wo es nichts als Sand und Steine gibt. Der Zug durch die Gobi muß seinerzeit unvorstellbar schwer gewesen sein. Xuan Zang, der durch seine „Reise nach dem Westen" bekannt gewordene buddhistische Mönch der Tang-Dynastie, reiste von Yumenguan (heute Anxi) aus allein, der von Vorgängern hinterlassenen Spur folgend, durch dieses öde Gebiet, um heilige Schriften aus Indien zu holen. Einmal, als er den ledernen Trinkbeutel öffnete, um Wasser zu trinken, fiel ihm der Trinkbeutel aus der Hand. Ohne Wasser die Wüste zu durchqueren, war undenkbar. Aber Xuan Zang gab nicht auf und wanderte weiter, getreu seinem Vorsatz, „lieber auf dem Weg nach Westen sterben als nach Osten zurückkehren". Nach vier Nächten und fünf Tagen, in denen er nicht einen Tropfen Wasser hatte zu sich nehmen können, wurde er ohnmächtig. Plötzlich, durch einen frischen Windzug wieder zu sich kommend, stand er mit letzter Kraft auf und schleppte sich weiter. Unerwartet stieß er auf eine klare Quelle — er hatte die Oase Hami erreicht!

Hami ist die erste Oase auf dem Gebiet des heutigen Xinjiang. Bewässerungskanäle ziehen sich kreuz und quer durch die Senke, und Bäume sowie Getreidepflanzen gedeihen vorzüglich. Die nächstgelegenen Ortschaften befinden sich im über 400 Kilometer entfernten Turpan-Becken im Westen und im 300 Kilometer entfernten Anxi (Provinz Gansu) im Osten. Infolge seiner wichtigen geographischen Lage kommt Hami im Osten Xinjiangs seit alters große Bedeutung zu.

Die Kreisstadt Barkol

Dreißig Kilometer nördlich von Hami am Fuß des Tianshan-Gebirges liegt der Südpaß, der früher der Hauptdurchgang auf der neuen Nordroute der Seidenstraße war.

Jenseits des Gebirges erreicht man Barkol, die Kreisstadt des gleichnamigen Autonomen Kreises der Kasachen. Die 90 000 Menschen zählende Bevölkerung im 34 000 Quadratkilometer umfassenden Kreisgebiet setzt sich aus Han und Kasachen zusammen. Fruchtbarer Boden, reiche Wasserressourcen und die weite Steppe bieten günstige Voraussetzungen für Landwirtschaft und Viehzucht. In den Wäldern des Tianshan und auf der Steppe leben Luchse, Hirsche, Bären, Leoparden, Füchse, mongolische Gazellen und Halbesel sowie Schneehühner. Rothirsche, deren Geweihe in der traditionellen chinesischen Medizin wertvolle Arzneimittel darstellen, werden auf Farmen gezüchtet.

Im Gebiet von Barkol befand sich früher ein Pulei genannter Staat. Die Bevölkerung von Pulei wohnte in Jurten nahe den Flüssen und beschäftigte sich mit Landwirtschaft und Viehzucht. Aus Pulei kamen hochwertige Pferde, die in Zentralchina sehr begehrt waren. Der Barkol-See, früher Pulei-See genannt, befindet sich westlich der Stadt Barkol und umfaßt eine Fläche von 130 Quadratkilometern. Die umliegende Gegend ist hervorragend für Viehzucht geeignet. Weil die nördliche Route der Seidenstraße diese fruchtbare Region

passierte, wurde diese Straße von der Han-Dynastie und den im Norden ansässigen Hunnen umkämpft.
Im Jahre 72 v. Chr. wurde auf Befehl des Han-Kaisers Liu Xun unter Zhao Chongguo, einem General des Staats Pulei, den Hunnen am Pulei-See eine Schlacht geliefert. Gemeinsam mit den Wusun gelang es Zhao auch wirklich, die Hunnen zu schlagen. Im Jahr darauf erfochten die Han-Truppen auf Befehl des Han-Kaisers Mingdi vier weitere Siege. 12 000 von Dou Gu und Geng Zhong befehligte Kavalleristen besiegten im Jahr 73 n. Chr. am Fuß des Baishan-Gebirges (heute Tianshan) den hunnischen König Huyen und verfolgten den Feind bis zum Pulei-See. In der Nähe des heutigen Hami wurde ein Reichsgeneral eingesetzt, und Soldaten wurden zur Verteidigung und zum Feldbau dort stationiert. Nach dem Sieg über die Hunnen marschierten im Jahr 74 Dou Gu und Geng Bing am Nordrand des Tianshan entlang und drangen ins Königreich Cheshi ein. Der König von Cheshi unterwarf sich. 129 wurde in Yiwulu (in der Nähe von Hami) der Offizier Yiwu-Sima unter dem Reichsgeneral als Kommandant eingesetzt und Pulei seiner Verwaltung unterstellt. 137 drangen die Hunnen unter ihrem König Huyen erneut ins Gebiet der Han ein. Obwohl Pei Cen, der Präfekt von Dunhuang, nur dreitausend Soldaten zum Widerstand zur Verfügung hatte, konnte er die Hunnen bei Pulei besiegen. Auf einer 1729 in Barkol gefundenen Steintafel aus der Han-Dynastie werden die Verdienste von Pei Cen auch gebührend gewürdigt. Diese „Steintafel der Verdienste des Pei Cen" wird heute im Museum des Uigurischen Autonomen Gebiets Xinjiang in Ürümqi aufbewahrt.
Im 8. Jahrhundert errichtete die Tang-Dynastie in Tingzhou (heute Jimsar) die Präfektur Beiting. Der dort eingesetzte Präfekt befehligte die Truppen von Hanhai, Tianshan und Yiwu. Dreißig Kilometer nördlich von Barkol findet sich eine Ruine namens Pochengzi. Der geographischen Lage der Ruine nach und auf Grund der Untersuchung der dort freigelegten Kulturgegenstände gehen die Historiker davon aus, daß in Pochengzi einst die Truppen von Yiwu stationiert waren und dort Ackerbau betrieben. Das fruchtbare Gebiet ist bis heute die Kornkammer von Barkol.

Tingzhou — Sitz der Präfektur Beiting

Von Barkol aus westwärts durch Mulei und Qitai erreichte die Seidenstraße Jimsar, den Sitz der Präfektur Beiting während der Tang-Zeit. 702 hatte die Tang-Dynastie in Tingzhou, dem die Kreise Jinman, Luntai und Pulai unterstanden, die Präfektur Beiting errichtet, die, neben der in Qiuci errichteten Präfektur Anxi, die höchste militärische Verwaltungseinheit in den „Westlichen Gebieten" darstellte.
Der Sitz der Präfektur Beiting lag 10 Kilometer nördlich der heutigen Kreisstadt Jimsar. Die Ruinen der Stadtmauer lassen noch deutlich den Umfang der damaligen Stadt erkennen. Die Stadt war von einer Innen- und einer Außenmauer umgeben. Die fünf Kilometer lange Außenmauer bestand aus gestampfter Erde. In vergangenen Jahren wurden dort zahlreiche Kulturgegenstände freigelegt: Bronzespiegel, Löwen aus Bronze und Stein, geschnitzte Steinbälle, Münzen aus der Tang-Zeit und Lehmziegel mit Lotosblumenverzierungen.
In der Tang-Dynastie erlebte die neue nördliche Route der Seidenstraße ihre Blütezeit, und Beiting wurde dadurch zum Zentrum von Politik, Militär, Kultur und Verkehr im Gebiet nördlich des Tianshan. Von Beiting aus westwärts, den Ili-Fluß entlang, erreichte man die Stadt Suiye (in der Nähe des heutigen Tokmak in der Sowjetunion), einen der vier während der Tang-Zeit wichtigen Militärstützpunkte in den „Westlichen Gebieten."

Die Heimat des „Himmelsrosses"

Die fruchtbare Gegend an beiden Ufern des Ili-Flusses ist ein traditionelles Viehzuchtgebiet. Im Sommer werden die Herden auf die Hochgebirgsweiden getrieben, den Winter verbringen sie an den südlichen Berghängen, im Frühling und Herbst ziehen sie auf die flache Steppe hinaus. Noch heute sieht man im Frühherbst am Fuß des Tianshan-Gebirges Herden der bekannten Künas-Feinwollschafe aus Xinjiang und Koppeln der großgebauten Ili-

79

80

81

82

83

79. Steinfigur vor einem türkischen Grab aus dem 6. oder 7. Jh., Zhaosu

80. Seit dem 13. Jahrhundert spielte die Guozhigou-Schlucht im Kreis Huocheng eine wichtige Rolle für den Verkehr auf der Seidenstraße von Jimsar zum Ili-Tal.

81. Die Kasachen auf der Zhaosu-Steppe am Ili-Fluß züchten vor allem Pferde.

82. Die Gräber von Wusun in Zhaosu
Die höheren Gräber gehören Mitgliedern der königlichen Familie.

83. Der Glockenturm in Huiyuan
In der Qing-Zeit (1644-1911) war hier der Amtssitz des Ili-Generals. Außer dem Altay-Gebiet stand damals ganz Xinjiang unter der Herrschaft des Ili-Generals.

Pferde.

Wegen seiner edlen Pferde war dieses Gebiet schon zeitig bekannt. In der Westlichen Han-Dynastie wurden die Pferde aus Ili Wusun-„Himmelsrosse" genannt. In der Frühgeschichte waren im Einzugsgebiet des Ili die Skythen beheimatet. Mitte des 2. Jahrhunderts v. Chr. kam der Wusun-Stamm, eine uralte nomadische Nationalität Chinas, vom Hexi-Korridor aus Gansu hierher. Die Wusun waren ausgezeichnete Pferdezüchter. 119 v. Chr. stattete Zhang Qian, der Gesandte der Westlichen Han-Dynastie, den Wusun einen Besuch ab und wurde von ihnen herzlich aufgenommen. Bei seiner Rückkehr wurde er von etlichen Wusun nach Chang'an begleitet, die viele Pferde als Geschenk für den Han-Kaiser mitführten. Etwa zehn Jahre später heiratete der König der Wusun Prinzessin Liu Xijun, die Tochter des Jiangdu-Königs Liu Jian der Westlichen Han-Dynastie, und brachte als Brautgeschenk tausend Pferde dar. Historischen Aufzeichnungen zufolge bekam Kaiser Wudi „gute Wusun-Pferde, Himmelsrosse" zum Geschenk. Als er später ein Hanxue-Pferd, eine Abart des Wusun-Pferdes, erhielt, nannte er es sogar das beste Pferd aus den „Westlichen Gebieten" (Xiji-Pferd). Der 701 in Suiye geborene Dichter Li Bai (Li Tai Po) schrieb ein „Loblied auf das Himmelsroß", in dem er die Schnelligkeit des Xiji-Pferdes pries.

Liu Xijun und Jie You

Von einem großen Gefolge begleitet und mit einer reichen Mitgift und wertvollen Geschenken ausgestattet, kam Prinzessin Liu Xijun in Wusun an. Die Ehe mit dem Wusun-Herrscher förderte die Verbreitung der Kultur „Mittel-Chinas in Nordwestchina und befestigte die freundschaftlichen Beziehungen zwischen der Han-Dynastie und den Wusun. Der König von Wusun ließ sogar seine Paläste im Stil der Han errichten. Die Prinzessin war jedoch auf Grund des ungewohnten Lebens und der Schwierigkeit, die Sprache der Wusun zu beherrschen, äußerst unglücklich und sehnte sich oft nach ihrer Heimat. In einem selbst gedichteten Lied brachte sie ihre Trauer und ihr Heimweh zum Ausdruck. Der Han-Kaiser Wudi hatte Mitleid mit ihr und ließ ihr alle zwei Jahre Brokate und Stickereien schicken. Der König von Wusun wußte auch, daß er für die junge Prinzessin viel zu alt war und daß er bald sterben würde. Entsprechend der Sitte wollte er Liu Xijun nach seinem Tod mit seinem Enkel Cen Zou verheiratet sehen. Um die freundschaftlichen Beziehungen zu den Wusun nicht zu gefährden und weiter auf sie als Bündnispartner im Kampf gegen die Hunnen zählen zu können, befahl Wudi der Prinzessin, diesem Brauch zu folgen. Prinzessin Liu heiratete dann auch Cen Zou und kehrte nie wieder in ihre Heimat zurück.

Um das Jahr 90 v. Chr. verheiratete die Han-Dynastie auch die Prinzessin Jie You, eine Enkelin des Chu-Königs Liu Shu, an den Wusun-König Weng Guimi. Doch die engen Bande zwischen der Han-Dynastie und den Wusun beunruhigten die Hunnen. Im Jahre 73 v. Chr. forderten die Hunnen von den Wusun, ihnen Prinzessin Jie You auszuliefern, eine Forderung, die einer Kampfansage gleichkam. Die Wusun baten darauf die Han-Regierung um Beistand. Im folgenden Jahr ritten 100 000 Kavalleristen auf Befehl des Han-Kaisers gegen die Hunnen. Gleichzeitig marschierten 50 000 Reiter unter der Führung des Königs der Wusun von Westen her gegen die Hunnen, die dadurch eine schwere Niederlage erlitten. So wurde durch die Heirat zwischen den Han und den Wusun Zhang Qians Bestreben, die Wusun im Kampf gegen die Hunnen für die Han-Dynastie zu gewinnen, realisiert. Der Wusun-König Weng Guimi hatte drei Söhne und zwei Töchter. Der älteste Sohn bestieg später den Thron, der zweitälteste Sohn wurde König von Shache und die älteste Tochter heiratete den König von Qiuci. Durch die weitgefächerte Heiratsdiplomatie wurde Verständnis und Vertrauen zwischen den Han und den Nationalitäten gefördert und der kulturelle Einfluß der Han im Nordwesten verstärkt. Nach einem über 40jährigen Leben in Wusun kehrte Prinzessin Jie You im Alter von 70 Jahren endlich nach Chang'an zurück.

Die Wusun

Im Altertum wurde das Einzugsgebiet des Ili-Flusses wechselnd von Nomadenvölkern wie den Wusun, Türken, Kitan und Mongolen beherrscht. Anfangs weideten die Wusun am Fuß des Qilianshan ihre Herden. Nach dem Eindringen der Hunnen in den Hexi-Korridor zogen die Wusun nach Westen. Der erste König der Wusun, der nach der Übersiedlung des Stammes westwärts den Thron bestieg, hatte ein ähnliches Schicksal wie Romulus. Im Kampf gegen die Hunnen fiel sein Vater, seine Mutter geriet in Gefangenschaft, und nach seiner Geburt wurde er in der Wildnis ausgesetzt. Eine Wölfin fand ihn und nährte ihn. Darüber wunderte sich der Hunnenkönig dermaßen, daß er das Kind für eine Gottheit hielt und es selbst aufzog. Wegen seiner ungewöhnlichen Fähigkeiten im Kampf gab ihm dann der Hunnenkönig die Herrschaft über die Wusun zurück und ließ ihn die Westlichen Gebiete beherrschen. Durch milde Innenpolitik und intensive Truppenausbildung gelang es dem jungen König, ein starkes Staatswesen aufzubauen, das sich dank seiner militärischen Macht bald mit den Hunnen messen und sich endlich von ihrer Oberherrschaft befreien konnte. Mit einer Bevölkerung von 630 000 Menschen, unter denen sich 180 000 berittene Kämpfer befanden, stellten die Wusun zeitweilig eine der wichtigsten Mächte in Nordwestchina dar. Vom Südufer des Ili-Flusses bis zum Fuß des Tianshan sind viele dicht nebeneinander liegende Gräber der Wusun zu finden. Jeder Sarg der in ungefähr zehn Meter Tiefe angelegten Gräber wurde von einem aus rohen Baumstämmen bestehenden *Muguo,* einem den kasachischen Holzhäusern vergleichbaren Grabgebäude, umgeben. Die in solchen Gräbern freigelegten Gegenstände und die Fragmente von Seidengeweben zeugen von der Blütezeit, die in jener Zeit auf der Seidenstraße herrschte.

Die Türken

Einer Legende nach hängt die Stammesgründung der Türken ebenfalls mit einer Wölfin zusammen. In der Nähe des Xihai-Sees (zwischen dem Aralsee und dem Kaspischen Meer) erlitt einmal ein Stamm im Kampf gegen den Nachbarn eine schwere Niederlage. Alle Leute des Stammes wurden getötet bis auf ein 10jähriges Kind. Der Feind hieb ihm Füße und Arme ab und ließ es in der Wildnis liegen. Eine Wölfin fand das Kind, zog es auf, teilte mit ihm die Jagdbeute und lebte mit ihm, bis es erwachsen war. Schließlich wurde die Wölfin schwanger. Diese Nachricht beunruhigte den Fürsten, der seinen Nachbarstamm völlig vernichtet glaubte. Männer wurden ausgeschickt, die beiden zu töten. Aber als ein Jäger mit dem Messer auf die Wölfin einstechen wollte, hob ein heftiger Windstoß die Wölfin empor und brachte sie nach Gaochang (in der Nähe von Turpan). Hier gebar die Wölfin in einer Höhle zehn Söhne. Nach vielen Jahren verließ das Rudel unter der Leitung von Asihina, dem klügsten und mutigsten der Wölfe, die Höhle und zog zum Südrand des Altay-Gebirges, wo ein neuer Stamm mit einem Wolf als Totemtier entstand. Das Altay-Gebirge sieht wie ein Helm aus, was in der Sprache dieses Stamms „Türken" hieß. Danach erhielt der Stamm seinen Namen, der auch auf den Staat, den die Türken Mitte des 6. Jh. bildeten, übertragen wurde. 582 teilte sich der Staat in die Länder der Ost- und West-Türken. Beide Türkenreiche unterhielten freundschaftliche Beziehungen zur Sui-Dynastie. Die Ost-Türken belieferten die Sui-Dynastie mit Schafen und Pferden und erhielten dafür Seide und Porzellan. Die an der nördlichen Route der Seidenstraße siedelnden West-Türken spielten im Handel zwischen Ost und West eine wichtige Rolle. Seide aus China und die Aromastoffe aus Indien wurden aus dem Gebiet der West-Türken ins Oströmische Reich weitertransportiert. Als der Mönch Xuan Zang 630 auf dem Nordabschnitt der Seidenstraße nach Suiye gelangte, wurde er vom Chan der West-Türken freundschaftlich aufgenommen. Der Chan schenkte ihm eine seidene Kutte und fünfzig Ballen Seide und gab ihm beim Abschied persönlich eine Strecke weit das Geleit.

Die in Steinsärgen gefundene Totenasche bezeugt die Sitte der Feuerbestattung bei den Türken. Vor den Gräbern bei Huocheng und Zhaosu sieht man viele aus dem 6. oder 7. Jahrhundert stammende Steinfiguren von Türken. Alle tragen einen Schnurrbart, halten ein Glas in der rechten und ein Schwert in der linken Hand; um die Hüfte ist eine Schärpe geschlungen, die Füße stecken in Stiefeln. Alle Figuren blicken nach Osten, womit vermutlich

Die neue nördliche Route entlang

die Sehnsucht nach der Heimat im Osten auf der Jahrhunderte dauernden Wanderung westwärts zum Ausdruck gebracht wurde.

Kasachen
—eine Nationalität zu Pferde

Im Ili-Gebiet ist eine kasachische Sage überliefert: In Urzeiten, als am Fuß des von Schnee gekrönten Tianshan noch dichte Wälder standen und am Seeufer üppige Gräser wuchsen, flog ein Schwan vom Himmel zur Erde nieder und verwandelte sich in ein anmutiges Mädchen. Es begegnete einem tapferen und schöngestalteten jungen Mann, der ein Meister im Reiten und Bogenschießen war. Mit schönen Liebesliedern warb er um sie. Die beiden verliebten sich ineinander und heirateten. Aus ihnen sind die Kasachen hervorgegangen. Tatsächlich entstammen die Kasachen einer Verschmelzung der im chinesischen Altertum im Nordwesten ansässigen Stämme der Wusun, Türken und Kitan sowie eines Teils der Mongolen. Ohne „Pferderennen", das Reiterspiel „Kampf um ein Schaf" und das Wettreiten „Den Mädchen nach!" sind die traditionellen Feste der Kasachen undenkbar. „Den Mädchen nach!" spielt unter den jungen Kasachen eine wichtige Rolle beim gegenseitigen Kennenlernen und sich ineinander Verlieben. Der Tradition nach reiten Mädchen und Burschen paarweise zu einem bestimmten Platz. Dabei unterhalten sie sich fröhlich miteinander, auch ist es erlaubt, den Mädchen dabei Heiratsanträge zu machen. Auf dem Rückweg jagen sie sich gegenseitig. Wenn das Mädchen ihren Partner einholt, kann sie ihn peitschen, ohne daß er sich wehren darf. Aber die meisten Mädchen schwingen ihre Peitschen nur durch die Luft, wenn sie ihre Partner einholen, wobei sie ihnen zärtliche Blicke zuwerfen. Viele Familien sind auf diese Weise zustande gekommen.

Das Gebiet Ili von heute

Das Ili-Tal ist wegen seines milden und feuchten Klimas ein gutes Landwirtschafts- und Viehzuchtgebiet. Seit der Westlichen Han-Dynastie wurden in diesem Gebiet Soldaten stationiert und zum Ackerbau verpflichtet. 1842 wurde Lin Zexu, der sich beim Kampf um das Opiumverbot und gegen die englische Aggression Verdienste um die chinesische Nation erworben hatte, von der korrupten Qing-Regierung hierher verbannt und zu einem Lokalbeamten in Ili degradiert, wo er hauptsächlich für die Urbarmachung von Land und für den Ackerbau verantwortlich war.
Nach seiner Ankunft in Xinjiang führte er überall an Ort und Stelle Inspektionen durch, ließ Soldaten und einheimische Bewohner Wasserbauanlagen errichten und Ödland erschließen. Nach seinem Tod wurde, um die Leistungen dieses Beamten zu würdigen, eine Gedenktafel errichtet und der unter seiner Leitung gebaute 100 Kilometer lange Bewässerungskanal zwischen dem Fluß Kax und Huiyuan „Lin-Zexu-Kanal" genannt.
Der Kanal ist inzwischen vertieft und verbreitert worden, so daß er auch zur Stromerzeugung genutzt werden kann. In der Erntesaison dröhnen die Traktoren auf den Feldern—die landwirtschaftliche Mechanisierung ist hier weiter fortgeschritten als irgendwo sonst im Land. Die Gegend ist reich an Weizen, Mais, Wasserreis, Melonen und Äpfeln. Im Ili-Fluß ist der schmackhafte gelbe Riesenstör zu finden.
Wenn man das Flußtal entlang nach Yining fährt, sieht man pappelumstandene Höfe. Im Stadtgebiet gibt es fast in jedem Hof eine Weinlaube und Blumen, und die Obstbäume tragen Früchte in Hülle und Fülle. Yining wird deswegen auch „Gartenstadt" genannt. Anläßlich des Kleinen Bairamfestes (Seker Bairam) wimmelt es auf der Straße von Uiguren, Kasachen, Mongolen und Tataren in Nationaltracht. Im Schatten eines Traubenspaliers auf Teppichen sitzend, genießt man bei heiterem Gespräch Hami-Melonen, Wassermelonen und Trauben und wünscht einander alles Gute zum Festtag.

84

85

84. „Den Mädchen nach!“
Traditionelles Wettreiten der Kasachen

85. Beim Kleinen Bairam (Seker Bairam)

Am Südhang des Tianshan

86. Die Id-Kah-Moschee in Kashi, errichtet im 18. Jh.

87

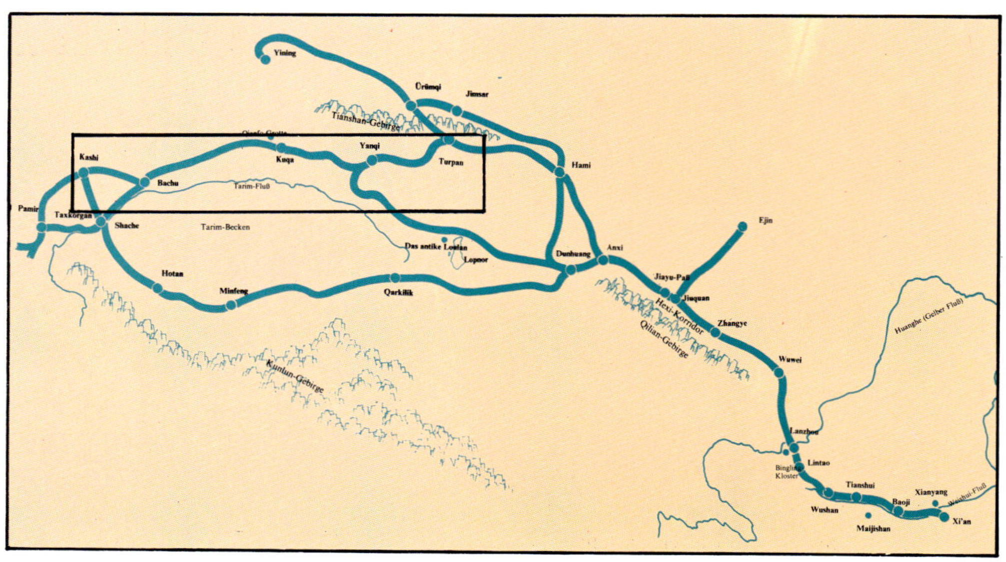

87. Die Flammenberge im Turpan-Becken

88. Ruine einer buddhistischen Pagode in der Stadt Gaochang (Qoco)

89. Die Ruinen der Stadt Jiaohe (Yarkhoto)

90. „Go-Spielerinnen“
Detail einer Seidenmalerei aus der Tang-Zeit (618 bis 907), gefunden bei Astana in Turpan (Museum des Uigurischen Autonomen Gebiets Xinjiang, Ürümqi)

91. Szenen aus früheren Existenzen Sakyamunis
Wandgemälde mit Rautenmuster in Grotte Nr. 17 der Kizil-Grotten (3. oder 4. Jh.)

88

89

90

91

Am Südhang des Tianshan

SÜDLICH des Tianshan durchzieht der Tarim Xinjiang von West nach Ost. In der Mitte des Beckens liegt Chinas größte Wüste, die Taklimakan, mit einer Fläche von 324 000 km². Am Rand der Wüste finden sich Berge und Oasen. Die Nord- und Südroute der Seidenstraße führten am Nord- bzw. Südrand des Tarim entlang nach dem Westen.

Das „Flammen-Gebiet" Turpan

Das Turpan-Becken war an der Nordroute der Seidenstraße wichtig. Hier finden sich, neben einer eindrucksvollen Naturlandschaft, zahlreiche Ruinen. Das Becken durchziehen auf neunzig Kilometer von Ost nach West steile Felserhebungen aus rotem Sandstein ohne jede Vegetation. In der glühenden Sonne scheinen die Felsen in Flammen zu stehen. Im mythologischen Roman „Pilgerfahrt nach dem Westen", von Wu Cheng'en im 16. Jahrhundert geschrieben, löscht der Affenkönig Sun Wukong mit einem Fächer aus Palmblättern die Flammen der Berge, die weithin lodern und den Pilgerweg nach dem Westen versperren. Erst danach können der Mönch Xuan Zang und seine Schüler ihre Reise fortsetzen. Der tangzeitliche Dichter Cen Shen beschrieb im 8. Jahrhundert die Berge allerdings wesentlich realistischer: „Der Berge sind in dichte Hitzewolken gehüllt, die Vögel haben Angst, hier zu nisten."

Das Turpan-Becken liegt zwischen dem Bogda-Massiv im Norden und der Qoltag-Kette im Süden, zwei dem Tianshan zugehörenden Berggebieten. In dem Senkungsbecken befindet sich der mit 154 Meter unter dem Meeresspiegel tiefste Punkt Chinas — der Aydingkol-See. Die durchschnittliche jährliche Niederschlagsmenge beträgt nur 16 mm, zwischen Juni und August steigen an 30 bis 40 Tagen die Temperaturen auf über 40° C an; oft erreichen sie sogar mehr als 47° C. Daher wird das Turpan-Becken seit alters als „Flammen-Gebiet" bezeichnet.

Die antiken Städte Jiaohe und Gaochang

Die Kreisstadt Turpan, 180 Kilometer südöstlich von Ürümqi, der Hauptstadt des heutigen Autonomen Gebiets Xinjiang, ist seit langem eine der politisch, wirtschaftlich und kulturell wichtigen Stätten Xinjiangs. Früher teilten sich diese Bedeutung die beiden großen Städte Jiaohe und Gaochang, von denen heute nur noch gewaltige Ruinenkomplexe vorhanden sind.

Jiaohe befindet sich zehn Kilometer westlich von Turpan. Von zwei Bächen umgeben sieht die Anlage wie eine Insel in Form eines Trauerweidenblattes aus. Die tiefeingeschnittenen Bachtäler bilden eine natürliche Schutzmauer. Deswegen besaß die Stadt keine der überall sonst in China üblichen Stadtmauern. Nur der Zugang zur Stadt war mit starken Befestigungen versehen. Neben zahlreichen Hausüberresten ist im Stadtzentrum noch eine 350 Meter lange, von Norden nach Süden verlaufende Hauptstraße zu sehen, von der mehrere Gassen abzweigen. Einige Häuser sind noch gut erhalten; ihre Dächer allerdings sind längst eingestürzt. In einem großen Tempel am Nordende der Hauptstraße kann man in Nischen noch Überreste von Buddha-Figuren erkennen.

Jiaohe war vor der Westlichen Han-Zeit die Hauptstadt des Königreichs Cheshi (Beshbalik). Mitte des 7. Jahrhunderts, während der Tang-Zeit, wurde, um die „Westlichen Gebiete" zu bewirtschaften, die Präfektur Anxi in Jiaohe errichtet, ehe sie später in das noch weiter westlich gelegene Qiuci (heute Kuqa) verlegt wurde.

Die Ruinen der Stadt Gaochang befinden sich in der Gemeinde „Flammenberge", vierzig Kilometer südöstlich der Kreisstadt Turpan. Die Stadtmauer aus gestampfter Erde ist ungefähr fünf Kilometer lang und trotz tausendjähriger Witterungseinflüsse noch heute bis zu elf Meter hoch. Gaochang ist in eine Außen-, Innen- und Palaststadt gegliedert und entspricht in ihrem Grundriß der Stadt Chang'an aus der Tang-Zeit (618-907). In der Stadt befindet sich auf einer Fläche von zehntausend Quadratmetern eine Tempelruine. Das Eingangstor, der Pagodensockel, der Hof und die Halle des Tempels sind noch zu erkennen.

Freigelegte Kulturgegenstände

Nordwestlich der Ruinen von Gaochang liegt bei dem kleinen Dorf Astana ein antiker Grabkomplex. Seit 1949 wurden hier mehr als 400 Gräber aus dem 3. bis 8. Jahrhundert freigelegt. Die 36 unterirdischen Gräber bestehen zumeist aus einem kleinen Vorraum mit halbrunden Nischen an den Seiten, die zur Aufnahme von Grabbeigaben gedacht sind. Dahinter schließt sich der quadratische Hauptraum an, dessen Stirnwand mit Wandbildern geschmückt ist. Davor auf einem mittelhohen Holzpodest ruhen die Toten. Die

Am Südhang des Tianshan

Trockenheit des Klimas und die gleichmäßige Temperatur unter der Erde haben sie zu Mumien werden lassen, deren Gesichtszüge oftmals noch deutlich zu erkennen sind. An mancher Frauenhand fallen die schlanken Finger und gepflegten, immer noch weißen Fingernägel auf. Wohlhabende Verstorbene wurden auf kostbare Tücher gelegt, die ärmeren legte man auf Papier oder das blanke Holz.

Die zum Teil recht kunstvollen Wandbilder hinter den Mumien stehen, so nimmt man an, in enger Beziehung zum Leben des Bestatteten oder zu den Wünschen für ein Leben nach dem Tod. So zeigt beispielsweise eine Grabwand auf vier Feldern Mandarinenten aus Südchina. Daraus schließt man, daß der Verstorbene aus Südchina stammte und wünschte, sich nach seinem Tod in eine Ente verwandeln und in die Heimat zurückfliegen zu können.

In den Gräbern wurden Seidengewebe, Schriftstücke und persische Silber- sowie römische Goldmünzen entdeckt. Niemals zuvor waren so viele und unterschiedliche Seidenwaren aus der Sui- und Tang-Zeit gefunden worden. Dank des trockenen Klimas im Turpan-Becken weisen selbst so zerstörungsanfällige Produkte wie Seidenstoffe einen guten Erhaltungszustand auf.

Die kulturellen Einflüsse des Auslands auf die Seidenweberei sind an den Fundstücken deutlich erkennbar. Muster mit perlenartiger Umrandung, vor allem Vogel- und Tierpaare, Köpfe von Schweinen und Bären, weisen auf die persische Kunst der Sassaniden-Zeit hin. Vermutlich handelt es sich bei solchen Webereien um Exportartikel.

Aus den freigelegten Schriftstücken läßt sich erkennen, daß die Landwirtschaft im Turpan-Becken schon vor der Tang-Zeit hochentwickelt war. In den Dokumenten werden viele Kulturpflanzen wie Weizen, Gerste, Hochland-Gerste, Hirse sowie Baumwolle, Maulbeerbäume, Bohnen und Leinsamen erwähnt. Beachtung verdient dabei vor allem der Hinweis auf den Anbau von Baumwolle. Spätestens während der Südlichen und Nördlichen Dynastien (5. bis 6. Jh.) wurde in Turpan schon Baumwolle kultiviert, also vierhundert bis fünfhundert Jahre früher als im Landesinneren. Die Baumwollart (*Gossypium herbaceum*), die früher hier angebaut wurde, stammte aus Afrika und ist wahrscheinlich über die Seidenstraße nach Turpan gelangt.

Unter den über tausend ausgegrabenen Schriftstücken befindet sich ein Passierschein („Guosuo") aus der Tang-Dynastie. An jeder Paßkontrollstelle setzte ein Militärbeamter seine Unterschrift auf den Schein; daneben wurden Datum und Reiseziel eingetragen. Der ausgegrabene „Guosuo" läßt erkennen, daß man mit einem solchen Passierschein ganz China, von Nordwesten bis Südosten durchreisen konnte, und daß während der Tang-Zeit eine einheitliche Verkehrsordnung für das gesamte Reich bestand.

Unter den bei Astana freigelegten, zahlreichen tangzeitlichen Seidenmalereien ist „Go-Spielerinnen" aus dem Grab Nr. 187 besonders bemerkenswert. Obwohl der Stoff in ziemlich mürbem Zustand gefunden wurde, erkennt man doch leicht, daß eines der beiden spielenden Kinder einen Hund im Schoß hält — einen Vorfahren der heutigen Chow-Chow-Rasse. Damals wurde der Chow-Chow Fulin-Hund genannt. In der Tang-Dynastie wurde „Fulin" zugleich als Bezeichnung des Oströmischen Reiches benutzt. Das schon damals beliebte Tier muß auf dem Karawanenweg vom Ostufer des Mittelmeers über die Seidenstraße nach Turpan gelangt sein.

Zu den Kulturdenkmälern Turpans gehören auch drei Grottentempel mit Skulpturen und Wandmalereien, unter denen die Tausend-Buddha-Grotten von Baizeklik in einem Bachtal inmitten der Flammenberge die bekanntesten sind. Auf seiner Reise nach dem Westen soll der Mönch Xuan Zang dort ebenfalls Station gemacht haben. Leider wurden die Baizeklik-Grotten zu Beginn unseres Jahrhunderts durch deutsche und französische Turpan-Expeditionen zahlreicher Fresken und tausender Kunstschätze und Dokumente — u. a. der sogenannten „Turpan-Texte" — beraubt. Die trotzdem erhaltenen Wandmalereien in den Grotten bezeugen jedoch noch immer, daß Baizeklik das buddhistische Zentrum des Turpan-Beckens war.

Das Tarim-Becken

Über den Qoltag- und den Kuruk-Berg hinweg erreicht man das Tarim-Becken. Heute stellt die Eisenbahnlinie von Turpan nach Korla die wichtigste Verkehrsverbindung ins Tarim-Becken dar. Die untere Nordroute der Seidenstraße passierte früher dieses Gebiet. In der Yu'ergou-Schlucht liegt am Rand des Flußtals eine aus Steinen erbaute antike Burg. In dieser Burg wurde das Fragment eines Schriftstücks aus der Tang-Zeit freigelegt, ein Beweis, daß die Burg schon damals existierte. Aus einigen antiken Gräbern in der Nähe der Burg wurden Grabbeigaben aus Ton, Gold,

Am Südhang des Tianshan

Silber, Bronze und Eisen, Lackarbeiten und Seidenwaren gefunden. Bei den Fundobjekten aus Gold handelt es sich um Schmuckgegenstände, die zumeist die Form von Tieren, besonders Löwen und Tigern, haben. Auf den zerfallenen Seidenartikeln sind noch die Muster erkennbar. Nach Meinung der Archäologen wurden diese Gegenstände wahrscheinlich während der Periode der Streitenden Reiche und der Westlichen Han-Dynastie von der dort ansässigen Bevölkerung hergestellt. Deutlich sind bei den meisten Fundgegenständen sowohl Einflüsse der mittelchinesischen Kultur als auch Spuren der Kulturen Zentral- und Westasiens zu erkennen. Unter anderem wurde ein Bronzeteller mit Fuß freigelegt, der als Opfergegenstand beim zoroastrischen Feuerkult diente. Da derartige Bronzeteller mehrfach auch in der Sowjetunion ausgegraben wurden, kann davon ausgegangen werden, daß die Seidenstraße bereits vor Zhang Qians erster Reise in die „Westlichen Gebiete" (139 v. Chr.) entstand. Über die Seidenstraße wurde auch die mittelchinesische Kultur und die der westlichen Nomadenstämme ins Binnenland südlich des Tianshan gebracht.

Yanqi, das zwischen dem Tianshan-Gebirge und dem Kuruk-Berg liegt, war während der Han-Dynastie der Sitz des Yanqi-Reiches, das in der Tang-Zeit als Aqini-Reich bezeichnet wurde. Unter den zahlreichen Ruinen in der Nähe der Stadt ist „Qianjianfang" am bekanntesten. Wahrscheinlich handelt es sich dabei um die Überreste eines Tempels. Infolge jahrhundertelanger Verwitterung und kriegerischer Zerstörung haben sich nur Mauerreste erhalten. Die meisten der hier freigelegten Köpfe von Tonplastiken Buddhas und seiner Schüler sind durch tiefliegende Augen und spitze Nasen gekennzeichnet. Sie stehen der von der hellenistischen Plastik beeinflußten buddhistischen Gandhara-Kunst nahe, die zwischen dem 1. und 6. Jahrhundert von Gandhara (heute Peshawar in Pakistan) und Ost-Afghanistan aus in vielfältiger Weise die buddhistische Plastik Zentral- und Westchinas beeinflußte.

Das Tarim-Becken erstreckt sich zwischen dem Tianshan- und Kunlun-Gebirge, östlich des Pamir-Hochlands und westlich des Altun-Gebirges. In diesem weiten Wüstenbecken herrscht Kontinentalklima. Die Niederschlagsmenge beträgt nur wenige Millimeter im Jahr. Alle Flüsse entspringen am Rand der umliegenden Gebirge und fließen dem Inneren des Beckens zu. Die kleineren Wasserläufe versickern im Sand und treten bisweilen als Quelle wieder zutage. Die Oasen liegen zumeist am Rand des Beckens oder am Unterlauf solcher Flüsse, die in tiefliegenden Gebieten Schwemmland gebildet haben. In der Mitte des Beckens befindet sich die 324 000 Quadratkilometer überdeckende Taklimakan-Wüste. Die Seidenstraße führte von Dunhuang aus nördlich und südlich des Beckens am oasenbestandenen Rand der Wüste entlang westwärts.

Antike Stadt aus den Dynastien der Han und der Tang

Westlich von Korla war der nächste wichtige Platz an der Seidenstraße nördlich des Tarim-Beckens die Oase Kuqa.

Kuqa, heute der zweitgrößte Kreis in Süd-Xinjiang, hat etwa 300 000 Einwohner, von denen 80 Prozent Uiguren sind. Früher hieß die Stadt Qiuci und war unter diesem Namen weit über das Tarim-Becken hinaus als kulturelles und religiöses Zentrum bekannt.

Seit Zhang Qian 139 v. Chr. zum ersten Mal in die „Westlichen Gebiete" gereist war, hatte Qiuci enge Verbindungen zur Han-Dynastie. Im Jahre 69 v. Chr. verheiratete sich Jiang Bin, der König von Qiuci, mit Di Shi, der ältesten Tochter der Han-Prinzessin Jie You, die ihrerseits mit dem König von Wusun vermählt war. Vier Jahre später reisten König Jiang Bin und seine Frau Di Shi nach Chang'an. Der Han-Kaiser Liu Xun verlieh ihnen ein Amtssiegel und Di Shi den Ehrentitel einer Prinzessin des Han-Reiches. Während seines einjährigen Aufenthalts in Chang'an lernte das Ehepaar Gebräuche, Sitten und Kleidung der Han kennen. Nach der Heimkehr ließen sie ihren Palast und viele Gebäude im Stil der Han-Dynastie bauen. Cheng De, der nach dem Tod seines Vaters Jiang Bin den Thron bestieg, bezeichnete sich als Enkel der Han und setzte alles daran, die Beziehungen zur Han-Dynastie noch enger zu gestalten.

Im Jahre 60 v. Chr., als sich Qiuci der Han-Dynastie anschloß, ließ Kaiser Liu Xun zur Verwaltung der „Westlichen Gebiete" in Wulei (östlich des heutigen Kreises Luntai) die Xiyu-Präfektur errichten, die im Namen des Kaisers die politischen und militärischen Angelegenheiten in diesem Gebiet erledigte. Im Jahre 91 n. Chr. schließlich verlegte die Östliche Han-Dynastie (25-220) dann den Sitz der Präfektur Xiyu direkt nach Qiuci. Dies kam zwar einer Annexion des Reiches von Qiuci gleich, erhob die Stadt aber endgültig zum Zentrum der damaligen „Westlichen Gebiete".

Am Südhang des Tianshan

Im 7. Jahrhundert ließ die Tang-Dynastie ebenfalls die von ihr errichtete Anxi-Präfektur, die zuerst in Xizhou (heute Turpan) ihren Sitz hatte, nach Qiuci verlegen, wodurch Qiuci seine führende Rolle im politischen, wirtschaftlichen und kulturellen Leben in den „Westlichen Gebieten" zurückerhielt. Damals gehörten zur Anxi-Präfektur vier strategisch wichtige Stützpunkte — Qiuci, Yutian, Shule und Suiye. Bevor die Beiting-Präfektur errichtet wurde, umfaßte der Kompetenzbereich der Anxi-Präfektur das gesamte Gebiet Xinjiangs, dazu noch im Westen das Gebiet zwischen dem Kaspischen Meer und dem Aral-See und im Süden das heutige Einzugsgebiet des Amu-Darja. In der Tang-Zeit wurden zahlreiche Stadtstaaten in den „Westlichen Gebieten" errichtet. Den ehemaligen Herrschern der lokalen Gebiete wurde der Titel eines Gouverneurs verliehen; ihm unterstand die Zivilverwaltung der Region. Auch beim Gouverneur der Präfektur Qiuci handelte es sich in Wirklichkeit um den König des Stadtstaats Qiuci.

Heilige Stätte des Buddhismus

Schon vor und noch lange nach der Zeitenwende war im Tarim-Becken der Buddhismus verbreitet. Über tausend Jahre lang, bis im 13. und 14. Jahrhundert der Islam in diese Gebiete vordrang, erfreute sich der Buddhismus bei der Bevölkerung großer Popularität. Qiuci war das buddhistische Zentrum an der Nordroute der Seidenstraße. Auch Xuan Zang, der Pilger in der Tang-Zeit, passierte auf seiner Reise nach Indien Qiuci. In seinem Reisebericht „Reise nach dem Westen während der Tang-Dynastie" heißt es, daß es in Qiuci über hundert buddhistische Tempel mit 5000 Mönchen und Nonnen gäbe. Zu beiden Seiten der Straße, vor dem Westtor der damaligen Großstadt Qiuci, erhob sich je eine über dreißig Meter hohe Buddha-Figur. Jedes Jahr zur Herbst-Tagundnachtgleiche fanden buddhistische Feierlichkeiten zehn Tage lang statt, an denen nicht nur Mönche und Nonnen, sondern auch der König und die Bevölkerung teilnahmen. Bei den Festumzügen wurden mit Seide und Brokat geschmückte Buddha-Figuren auf bunten Wagen umhergefahren.

In Kuqa und Umgebung haben sich viele buddhistische Baukomplexe erhalten. Der wichtigste ist der Höhlentempel der Kizil-Grotten, auch Tausend-Buddha-Grotten genannt. Die Grotten liegen 64 Kilometer östlich von Baicheng an einer zwei Kilometer langen Felswand am Nordufer des Muzat-Flusses. Von den 236 Grotten, die es bis heute gibt, sind nur noch 75 Grotten relativ gut erhalten. Wandgemälde überdecken eine Fläche von 10 000 Quadratmetern. Die Kizil-Grotten stehen ihres künstlerischen Werts wegen unter staatlichem Denkmalschutz. Mit ihrem Bau wurde im 4. und 5. Jahrhundert begonnen. Bis ins 13. und 14. Jahrhundert hinein wurden hier Höhlen ausgehauen und mit religiösen Bildwerken versehen. Die Wandmalereien betonen in stilistischer Hinsicht Symmetrie und musterreiches Ornament. Auf dem Deckenfresko mit 38 Rautenmustern in Grotte Nr. 17 ist beispielsweise jede Raute mit einem anderen Motiv ausgeschmückt, das eine Episode aus dem Leben Sakyamunis schildert. Dieses Bild ist typisch für die buddhistische Kunst von Qiuci.

Wegen der günstigen Verkehrsverhältnisse hat Qiucis Kultur vielseitige Einflüsse des Westens, aber vor allem auch Mittelchinas, in sich aufgenommen. Die Wandmalereien in den Kizil-Grotten beweisen, daß die Vielzahl der Einflüsse zur Herausbildung einer eigenständigen Qiuci-Kunst geführt hat. In den letzten Jahren hat man weitere Grotten, die von Sand zugeschüttet waren, in der Umgebung von Komtura und am Fuß des Quertag-Berges gefunden. Die ersten der 47 erhaltenen Grotten wurden im 3. oder 4. Jahrhundert angelegt. Einige Wandmalereien (wie das runde Deckenfresko in Grotte Nr. 2) sind sehr gut erhalten. Die Mitte schmückt eine Lotosblume. Rund um die Blume sind dreizehn Buddhafiguren zu sehen. Ihre Körper sind mit einem Tuchstreifen um die Schulter sowie mit einem bunten Rock bedeckt. Die Gestalt ist vollschlank und von schöner Proportion. Die meisten der wertvollen Kunstwerke in den neu entdeckten Grotten sollen aus der Blütezeit der Tang-Dynastie stammen.

Musik und Tanz aus Qiuci

Qiuci wurde in der Geschichte vor allem wegen seiner Musik und seiner Tänze sehr bekannt. In dem Bericht „Reise nach dem Westen während der Tang-Dynastie" erwähnte Xuan Zang die Blas- und Saitenmusik und die Tänze von Qiuci besonders lobend.

Ende des 4. Jahrhunderts war die Qiuci-Musik in Mittelchina schon weit verbreitet und übte großen Einfluß auf die dortige Musik aus. Maßgeblichen Anteil daran hatte der Musiker Suzup. Er stammte aus einer Musikerfamilie in Qiuci und war ein ausgezeichneter Pipaspieler.

92

92. Ruine der Stadt Subashi und des Zhaohuli-Tempels in der Nähe von Kuqa

93. Turpan wird als Heimat der Trauben bezeichnet. Weintrauben, ursprünglich in Westasien und Ägypten beheimatet, wurden über die Seidenstraße in Turpan zu Beginn der Tang-Zeit eingeführt. Die Weintrauben aus Turpan gelten als die besten des Landes. Die gelesenen kernlosen weißen Trauben werden im „Schattenhaus" auf Holzgestelle gelegt und zu Rosinen getrocknet.

93

94

95

94. Goldschmuck aus den Gräbern der Yu'erkou-Schlucht, wahrscheinlich aus der Westlichen Han-Dynastie (Museum des Uigurischen Autonomen Gebiets Xinjiang, Ürümqi)

95. Bodhisattvas
Deckenfresko in Grotte Nr. 2 der Komtura-Grotten aus der Tang-Dynastie (618-907)

96

97

98

99

96. Beim „Maxirap", dem traditionellen Massentanz der Uiguren von Kuqa

97. Xiehelimaza liegt an einer alten Abzweigung an der Nordroute der Seidenstraße. Von Aksu aus über Wensu am Kumalike-Fluß entlang, führte der Weg von hier aus weiter zum Issy-Kul-See. Historischen Angaben zufolge erreichte der Tang-Mönch Xuan Zang auf diesem Weg das Land der Türken.

98. Oase am nordwestlichen Rand der Taklimakan-Wüste, im Hintergrund der Tomur, mit 7435 Metern höchster Gipfel des Tianshan

99. Gedenkhalle für Xiang Fei (Uigurin), die Konkubine des Kaisers Qianlong (1736-1795), in Kashi

Am Südhang des Tianshan

565 kam er nach Chang'an, wo der aus Mittelchina stammende Zheng Yi von ihm das Pipaspiel und die Melodien der „Westlichen Gebiete" lernte. Später bearbeiteten beide Musiker die Überlieferungen der „Han-Musik", bereicherten sie mit neuen Elementen und führten durch ihre Bemühungen die traditionelle chinesische Musik aus ihrer Stagnation heraus.

Der große Erfolg der Musik und der Tänze aus Qiuci in Mittelchina gründete sich darauf, daß diese Musik einerseits eigene Traditionen besaß, andererseits diese durch jahrhundertelang andauernde Kontakte mit der westlichen Kultur ständig bereicherte. In den Wandmalereien der Kizil-Grotten wurden nicht nur Musikinstrumente aus Qiuci, sondern auch aus West- und Südasien dargestellt. Die *Qujing-Pipa* (*Pipa* mit eingeknicktem Hals), ein Zupfinstrument, das aus Mesopotamien stammte, wurde über Persien und Indien in Xinjiang eingeführt. In Qiuci wurde der halbbirnenförmige Schallkörper der *Qujing-Pipa* mit dem geraden Hals der *Yueqin*-Mondgitarre aus Mittelchina verbunden, und damit jene Form der *Pipa* geschaffen, die heute in ganz China verbreitet ist. Die Panflöte (*Lai*), die sich in den Wandmalereien in Qiuci findet, stammte dagegen aus Mittelchina und wurde von Qiuci aus über die Seidenstraße nach Europa eingeführt. Heute ist die Panflöte in China vergessen, in Rumänien dagegen behauptet sie ihren Platz als traditionelles Instrument der Volksmusik.

Kashi von gestern

Von Kuqa aus erreichte die Seidenstraße das westlich gelegene Shule (heute Kashi). Shule war einer der 36 Stadtstaaten in den „Westlichen Gebieten". Nach ihrer Gründung war die Xiyu-Präfektur für Shule zuständig. In jener Zeit der Kämpfe zwischen den Hunnen und der Westlichen Han-Dynastie, die sich vor allem am östlichen Rand des Tianshan abspielten, genoß Shule am Osthang des Pamir den Vorzug einer von kriegerischen Episoden weitgehend freien Entwicklung. Die friedlichen, ruhigen Umstände förderten Handel und Wandel und ließen Shule zum westlichen Zentrum der Seidenstraße werden.

Während der Übergangsperiode von der Westlichen zur Östlichen Han-Dynastie im 1. Jahrhundert n. Chr. herrschten in Mittelchina chaotische Verhältnisse. Die Hunnenfürsten nutzten diese Gelegenheit, um ihren Machtbereich in Xinjiang zu erweitern. Nach der Gründung der Östlichen Han-Dynastie bemühte sich der Offizier Ban Chao, der seit seiner Kindheit Zhang Qian bewundert hatte, darum, die zerrütteten Beziehungen zwischen dem Han-Reich und den „Westlichen Gebieten" von neuem zu stabilisieren. Nachdem er durch sein militärisches Können die Aufmerksamkeit des Hofes erregt hatte, wurde er mit einer 36 Mitglieder umfassenden Gesandtschaft nach Xinjiang geschickt, um die alten Beziehungen wieder herzustellen. Durch Klugheit und Kühnheit gelang es ihm, die hunnischen Fürsten von Shanshan und Hetian gefangenzusetzen und zu Zugeständnissen zu zwingen. In Shule setzte Ban Chao den regierenden Fürsten ab, den das von den Hunnen abhängige Qiuci der Bevölkerung von Shule aufgezwungen hatte, und setzte einen bei der Bevölkerung angesehenen einheimischen Adligen als neuen König ein. Von Shule aus wurden die hunnischen Vasallen in Yarkant, Qiuci und Yanqi besiegt, so daß die nördliche Seidenstraße allmählich wieder als sicherer Handelsweg benutzbar wurde. Im Jahre 97 schickte Ban Chao seinen Begleiter Gan Ying nach dem Westen, um mit dem Reich Daqin (dem Römischen Reich) Kontakte aufzunehmen. Allerdings erreichte Gan Ying nur den Persischen Golf. Wegen seines Beitrags zur Sicherung der Seidenstraße wird Ban Chao aber bis heute in Xinjiang hoch verehrt.

Während der Tang-Zeit erlebte Shule eine neue Blütezeit. Von dort reisten Karawanen in alle Richtungen. Damals war Shule als großer Handelsplatz eine der vier wichtigsten Städte in den „Westlichen Gebieten" und Sitz der Shule-Präfektur. Die damalige Stadt lag in einer Niederung etwa dreißig Kilometer östlich des heutigen Kashi. Dort sind über einer Fläche von mehreren Quadratkilometern noch viele Scherben roter und schwarzer Tonwaren zu finden. Dicht unter der Erdoberfläche grub man Skelette von Schweinen, Kühen und Schafen, Überreste von Eisenwaren und Perlenketten, Skulpturen und antike Münzen aus. In Moredun, einer Ortschaft westlich dieser Niederung, sind die Ruinen einer buddhistischen Pagode und eines Tempels erhalten.

Die Westwanderung der Huihu

Die Huihu, Nachkommen der nördlich des Gebietes der Hunnen lebenden Steppennomaden, wanderten im 4. Jahrhundert in das Einzugsgebiet des Orhon ein. Später verschwanden sie unter den Türken und bildeten eine Zeit lang einen türkischen Stamm. Zu

Beginn der Tang-Dynastie verbündeten sich die Huihu mit den Tang und unterstützten deren Armee beim Kampf gegen Stammesfürsten in Ost-Turkestan. Die Tang-Regierung gestattete daraufhin, daß im Jahr 740 der Staat der Huihu gegründet wurde, an dessen Spitze ein Khan stand. In der Mitte des 9. Jahrhunderts wurde das Gebiet der Huihu wiederholt von Schneestürmen und Unwettern heimgesucht. Hungersnot, Epidemien, innere Unruhen und Angriffe durch die Kirgisen zwangen die Huihu zur Auswanderung. Einige zogen in das Südgebiet des Balchasch-Sees, andere in den Hexi-Korridor. In großen Gruppen siedelten sie sich auch in Turpan, Kuqa und Kashi an.

Die Huihu, die sich am Südufer des Balchasch-Sees niedergelassen hatten, schlossen sich den dortigen Karluken an. Mitte des 10. Jahrhunderts gründeten sie das Karahan-Reich, dessen Hauptstadt Balasagun wurde. Der Vize-Khan des Reiches hatte seinen Sitz in Kashi.

Die Ruinen des Karahan-Palasts befinden sich in Halvoi, unweit des heutigen Kashi. Im Uigurischen bedeute Halvoi „Palast". Kashi, das politische und wirtschaftliche Zentrum des Karahan-Reiches, spielte eine besonders wichtige Rolle in der Spätzeit der Seidenstraße. Darüber heißt es in der Dichtung „Kutadgu Bilig" (Beglückendes Wissen): „Wenn sich das Land grün färbt, bringen uns Kitan-Karawanen chinesische Waren."

Das berühmte, über zehntausend Verse umfassende Werk wurde von dem Dichter Yusof Hase Hajib in türkischer Sprache geschrieben. Es wurde auch in die Sprache der Huihu und ins Arabische übersetzt. Geist und Form der Dichtung aber entstammen der arabischen und persischen Poesie. Hajibs Zeitgenosse Mohamed Kashgar, ein bekannter uigurischer Sprachwissenschaftler aus Kashi, stellte ein „Türkisches Wörterbuch" zusammen. In ihm werden Sprache, Geschichte, Literatur und die Nationalitäten der „Westlichen Gebiete" beschrieben. Beide Werke gehören zu den bedeutendsten Dokumenten des Kulturaustausches an der Seidenstraße zwischen Ost und West.

Die Gründung des Karahan-Reiches und die Einführung des Islams haben die allmähliche Verschmelzung der Sprachen, Kulturen und Sitten von Westxinjiang nachhaltig gefördert. Aus dieser Verschmelzung ging eine neue Nationalität hervor: die Uiguren.

Die Verbreitung des Islams

Der Islam breitete sich die Seidenstraße entlang in östlicher Richtung aus. 637 drangen die Araber in Persien ein. Bis Anfang des 8. Jahrhunderts hatten die Moslems alle Staaten Zentralasiens unterworfen und zum Islam bekehrt.

Nach der Einwanderung der Huihu ins Gebiet der Seidenstraße führte das Karahan-Reich die Islamisierung auch in den buddhistischen Regionen der „Westlichen Gebiete" durch. Auf Befehl des Khans wurde in Kashi ein Zentrum der neuen Religion errichtet. Von hier aus führte das Karahan-Reich einen Religionskrieg, der bald den größten Teil Xinjiangs in Mitleidenschaft zog. Anfang des 11. Jahrhunderts wurde Yutian, dessen Herrscher der Han-Familie Li entstammte, erobert. Im 12. Jahrhundert setzte sich der Islam in Kuqa und Yanqi fest und verbreitete sich von hier aus in Nord-Xinjiang. Im 14. und 15. Jahrhundert eroberte der Islam schließlich Turpan und Hami. Im 16. Jahrhundert war ganz Xinjiang islamisch geworden.

Das Stadtbild von Kashi, wo der Islam zuerst Fuß faßte, ist noch heute von Moscheen und islamischen Ruinen geprägt. Die Id-Kah-Moschee im Stadtzentrum, die größte Chinas, bietet 8000 Menschen Platz. Sie wurde vor zweihundert Jahren errichtet. Eine besondere Sehenswürdigkeit ist der Appakgoja, der Friedhof der Familie Goja in der Nähe Kashis. Der zur feudalen islamischen Oberschicht gehörenden einflußreichen Familie entstammten zahlreiche islamische Politiker und Gelehrte in Kashi und Yarkant. Xiang Fei, eine Angehörige dieser Familie, wurde die Konkubine des Qing-Kaisers Qianlong (1736 bis 1795).

Mit dem Islam kam auch die arabische Kultur nach Xinjiang. Zusammen mit Koran und Hadith verbreiteten sich islamische Rechtswissenschaft und Philosophie, die arabisch-persische Astronomie, Mathematik, Medizin und Literatur an der Seidenstraße und leiteten eine neue Etappe des Kulturaustauschs zwischen Ost und West ein.

Alte Strasse zwischen Wanderdünen

100. Die Taklimakan-Wüste

101

102

103

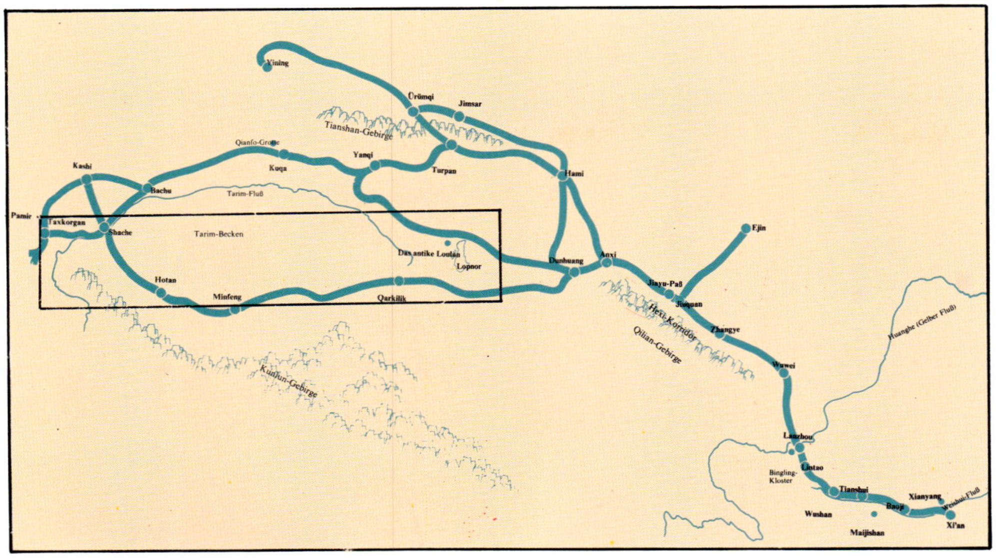

101. Die Gegend des antiken Reichs Loulan am Lopnor

102. Felsmalereien im Xindi-Tal westlich von Loulan, wahrscheinlich die ersten Kunstwerke der Einwohner von Loulan (vermutlich 3. Jh. v. Chr.)

103. Antike Gräber bei Loulan

104. Die Ruinen der aus Baumstämmen und Lehm errichteten Hauswände in der Stadt Loulan

104

Alte Strasse zwischen Wanderdünen

VOM Yangguan-Paß aus führte die Südroute der Seidenstraße durch die jetzt von Wüste bedeckten Ruinen des antiken Königreichs Loulan und weiter am Südrand der Taklimakan-Wüste westwärts durch zahlreiche große oder kleine Oasen bis zur Pamir-Hochebene. Inzwischen sind viele einstige Oasen zu Wüste geworden und weite Strecken der alten Straße sind von Treibsand bedeckt.

Die Ruinen des antiken Loulan

Die Ruinen der Stadt Loulan finden sich am Lopnor-See im Ostteil der Taklimakan-Wüste. Auf Landkarten werden sie inzwischen verzeichnet, aber sie liegen so weit von jeder menschlichen Siedlung entfernt, daß es leichter ist, auf den Mond zu gelangen als nach Loulan! In den vergangenen dreißig Jahren war niemand in Loulan. Um die Spuren der Seidenstraße zu verfolgen, machte sich, ungeachtet der Schwierigkeiten und Gefahren, 1979 die erste Expedition nach Loulan auf und hinterließ im Wüstensand die ersten menschlichen Spuren, seit im Jahre 1900 der Schwede Sven Hedin Loulan wiederentdeckt hatte.

Um die Stadt Loulan dehnt sich im Umkreis von fünfhundert Kilometern Wüste. Infolge der durch keine Wolke und keinen Baum beeinträchtigten glühenden Sonneneinstrahlung sieht der Boden wie verbrannt aus. Nirgends ist ein Tropfen Wasser zu finden. Trinkwasser muß mit Geländefahrzeugen aus zweihundert Kilometer Entfernung hergebracht werden. Manchmal erscheint fern am Himmel eine blasse Wolke. Sie verdunstet aber in der trockenen Luft, noch ehe sich ein Tropfen Regen aus ihr löst. Loulan, im Mittelpunkt Asiens, ist vielleicht der trockenste Ort der Erde. Der Tarim- und der Konqi-Fluß, die einst das Gebiet durchzogen und den Lopnor-See bildeten, sind längst ausgetrocknet. Der Lopnor, in Urzeiten ein ausgedehnter See, ist zu einer Salzpfanne geworden. Die früher üppigen Pappeln sind zu grotesken Stämmen vertrocknet, die einen Schrecken erregenden Anblick bieten.

An den einstigen Ufern des Lopnor sind noch Spuren des ehemaligen Seegrundes erkennbar. Auf dem Salzboden findet man vertrocknete Schilfreste. Außer Tamarisken gibt es heute fast keine Pflanze mehr am See.

Die Ufer weisen eine zerrissene Gestalt auf, sie setzen sich hauptsächlich aus gigantischen Hügeln zusammen. Am Westrand des Lopnor verlaufen breite Hügelketten von Nord nach Süd. Von weitem sehen sie wie hohe Stadtmauern aus oder wie Lehmdrachen, die ihre Körper in den Lopnor strecken. Zwischen diesen Hügeln geht man wie in den Gassen einer Stadt. Das ist die in alten chinesischen Dokumenten beschriebene „Drachenstadt". Der Wüstenwind hat ihre Hügelmauern und Straßen geformt.

Auf einer ehemaligen Halbinsel südlich der „Drachenstadt" sind einige zerfallene Häuser zu sehen, deren Balken und Säulen bloßliegen. Dies sind die Ruinen von Tugen, einem Rastplatz für Karawanen auf der Seidenstraße. Unweit von Tugen fand man eine breite alte Straße, so glatt, daß Wagenspuren darauf kaum zu sehen sind.

Am Nordufer des Konqi-Flusses, etwa siebzig Kilometer westlich von Loulan, fanden die Archäologen einige Gräber der Bewohner Loulans.

Die Gräber sind von sieben ovalen Pfahlreihen umgeben und durch einige weitere Pfähle miteinander verbunden. In den Gräbern fand man zwei Mumien mit spitz zulaufenden Mützen, in Wollkleidung mit Lederstiefeln. Sie haben ziemlich große Nasen und blondes Haar. Untersuchungen des Forschungsinstituts für Archäologie der Chinesischen Akademie der Gesellschaftswissenschaften ergaben, daß zumindest eine der Mumien, die einer jungen Frau, vor 2180 Jahren lebte.

Das Delta des Konqi-Flusses verwitterte durch den starken Nordwind zu drei bis vier Meter tiefen Mulden. Wo der Boden härter war, blieben steile Hügel bestehen. Die Ruine der Stadt Loulan ist von solchen Mulden umgeben. Durch die Mulden kann man die Stadt betreten.

Alte Strasse zwischen Wanderdünen

Noch sind dachlose Häuser zu sehen. Die Hauswände sind aus verflochtenen, mit Lehm beschmierten Zweigen aufgerichtet. Das Stadtzentrum bildet ein breiter Platz. Nur ein drei Räume umfassendes größeres Gebäude auf einem Hügel westlich des Platzes ist aus Lehmziegeln gebaut. Das Haus war ein Amtsgebäude in jener Zeit. Auf einem Hügel östlich des Platzes steht eine monumentale buddhistische Pagode, daneben sind riesige Balken einer Tempelhalle erhalten. Die gigantischen Balken lassen Rückschlüsse auf die Größe und die Pracht des Tempels zu.

Der Boden der Stadt Loulan ist übersät mit Tonscherben. Manche dieser Keramiken sind aus gutem, unter hoher Temperatur gebranntem Ton und mit schönen Mustern versehen. Auch fand man gelbe und rote halbdurchsichtige Schmuckperlen, Wollgewebe, Lederstiefel und verrostete antike Münzen. Auch ein unversehrt erhaltenes Beil aus Jade und eine Münze aus dem Kuschan-Königreich der Indoskythen, das zwischen dem 1. und 3. Jahrhundert in der Gegend von Peshawar im heutigen Pakistan angesiedelt war, wurden gefunden.

Das antike Königreich Loulan

Vor etwa 2100 Jahren war Loulan ein kleines Königreich in der Nähe des Lopnor. Das Land bestand hauptsächlich aus Wüste und salzhaltigem Boden. Die meisten der nur etwa vierzehntausend Einwohner waren Nomaden, nur wenige siedelten an den Ufern des Lopnor und des Konqi-Flusses, wo sie von Fischerei oder Jagd lebten. Loulan grenzte im Norden an das Königreich Cheshi im Turpan-Becken und im Osten an das Gebiet nomadischer Indoskythen. Loulan unterhielt mit beiden Nachbarn einen ziemlich regen Austausch.

Im Jahre 209 v. Chr. ermordete Maotun seinen Vater und ernannte sich zum König der Hunnen. Seitdem überzogen die Hunnen die Gebiete von Ost-Xinjiang und Gansu mit Krieg. Sie zwangen die Han-Dynastie im Süden, ihnen reichen Tribut an Seide, Gold, Reis und Wein zu entrichten. Im Osten vernichteten sie das Königreich Donghu, im Westen verjagten sie die Indoskythen und die Wusun. Viele Angehörige der besiegten Völker wurden in die Sklaverei geschleppt. Als das Reich Loulan den von den Hunnen verfolgten Indoskythen gestattete, auf dem Weg nach dem Westen ihr Gebiet zu durchziehen, wurden auch sie von den Hunnen unterjocht. Nach dem Jahr 176 v. Chr. sahen sich Loulan und mehr als zwanzig andere Königreiche Xinjiangs gezwungen, sich den Hunnen zu unterwerfen und ihnen Kamele, Pferde, Rinder und Schafe sowie Wollgewebe als Tribut zu entrichten. Darüber hinaus mußte jedes Reich einen Prinzen als Geisel an den Hof des Hunnenkönigs schicken.

Unter Kaiser Wudi der Han-Dynastie kam es zu erfolgreichen Gegenangriffen gegen die Hunnen. Um die Seidenstraße offenzuhalten, brachten die Han den Hexi-Korridor unter ihre Kontrolle. Im Jahre 108 v. Chr. sandte Wudi seinen General Zhao Ponu mit einer zehntausend Mann starken Armee zum Angriff auf das Königreich Cheshi nach Turpan. Als der König von Loulan diese Nachricht erfuhr, eilte er nach Jiaohe, um mit dem Herrscher von Cheshi über die gemeinsame Verteidigung zu beraten. Niemand rechnete damit, daß General Zhao eine berittene Stoßtruppe der Armee voraussenden würde, die so schnell und überraschend das Turpan-Becken erreichte, daß Jiaohe widerstandslos eingenommen wurde. Auch der König von Loulan wurde gefangengenommen und zur Kapitulation gezwungen. Später ließ Wudi vom Yumen-Paß durch das Gebiet Loulan bis zum Lopnor Alarmfeuertürme anlegen, auch Wachposten wurden dort stationiert.

Danach blieb die Lage in Loulan stabil und die südliche Route der Seidenstraße entwickelte sich. Im Jahre 92 v. Chr. starb der König von Loulan. Sein Sohn folgte ihm auf den Thron. Da er weder bei den Hunnen noch bei der Han-Dynastie Anstoß erregen wollte, schickte er seinen Sohn An Gui zu den Hunnen und seinen Sohn Wei Tuqi der Han-Dynastie als Geisel. Als

Alte Strasse zwischen Wanderdünen

der König starb, erhielten die Hunnen als erste die Nachricht und sahen darin eine gute Gelegenheit, die Kontrolle über Loulan zurückzugewinnen. Unter starkem militärischem Schutz brachten sie An Gui nach Loulan zurück und setzten ihn auf den Thron.

Nachdem An Gui an die Macht gekommen war, unterstützte er die Hunnen gegen den Rat seines Bruders Wei Tuqi. Er ließ ihnen geheime Botschaften über den Verkehr auf der Seidenstraße zukommen, so daß es den Hunnen möglich war, Gesandte, die von Dayuan (heute Fergana) und Persien nach Chang'an oder von Chang'an nach dem Westen reisten, gefangenzunehmen und Karawanen zu überfallen. Voller Empörung flüchtete Wei Tuqi nach Chang'an.

Im Jahre 77 v. Chr. entsandte die Han-Dynastie Fu Jiezi mit einer großen Zahl an Geschenken wie Gold, Silber und Seide nach Loulan. An Gui wagte es aus Angst vor den Hunnen jedoch nicht, mit Fu zusammenzutreffen. So gab Fu vor, nach Westen weiterzureisen. Der Vorsteher einer Poststation am Westrand von Loulan befragte Fu. Dieser erklärte: „Ich bin ein Abgesandter des Kaisers der Han-Dynastie und bringe allen Königen des Westens Geschenke. Aber dein König wollte die Geschenke meines Kaisers nicht.“ Der Stationsleiter glaubte Fu nicht und entgegnete: „Unser König ist kein Dummkopf. Wie kann er geschenkte Schätze ausschlagen?“ Daraufhin zeigte Fu einige der Gold- und Silberartikel, die er bei sich hatte. Der Vorsteher bewunderte die Kostbarkeiten und erstattete in aller Eile dem König Bericht. Von der Gier nach Reichtum getrieben, begab sich An Gui ohne Schutz zur Poststation und traf dort mit Fu Jiezi zusammen. Als ihm während eines Mahls die große Menge wertvoller Geschenke gezeigt wurde, war er außer sich vor Freude. Er fing an zu trinken. Fu Jiezi flüsterte An Gui zu, er sei vom Kaiser beauftragt, ihm unter vier Augen eine geheime Nachricht zu überbringen. An Gui folgte Fu in dessen Zelt und wurde von dort versteckten Soldaten ermordet. Mit Hilfe der Han bestieg nun Wei Tuqi den Thron von Loulan.

Shanshan

Nach seiner Thronbesteigung beschloß Wei Tuqi, das Reich Loulan in Shanshan umzubenennen und die Hauptstadt von Loulan nach Yixun (heute die Ruinen von Miran bei Ruoqiang in Xinjiang) zu verlegen. Die meisten Einwohner siedelten aus Loulan in die Oase Qarkilik über. Auf Einladung Wei Tuqis entsandte die Han-Dynastie Truppen nach Yixun, wo sie Land urbar machten. Ihre wichtigste Aufgabe bestand jedoch darin, die Anhängerschaft An Guis einzuschüchtern.

In der verlassenen Stadt Loulan ließ die Han-Dynastie eine Präfektur und eine Garnison errichten und Truppen zum Ackerbau stationieren. Bewässerungskanäle und Brunnen wurden angelegt und Getreidevorräte eingelagert. Auf diese Weise wurde Loulan zu einem Handelsknotenpunkt und Militärstützpunkt und half, den Verkehr auf der Seidenstraße zu sichern.

Da Wei Tuqis Gemahlin eine Hofdame aus Chang'an war, bestanden enge Beziehungen zwischen Shanshan und der Han-Dynastie. Die Han-Dynastie unterstützte Shanshan, um die Seidenstraße im Süden offen zu halten und zu gewährleisten, daß Abgesandte und Karawanen auf der Südroute nicht behindert wurden. Mit Hilfe der Han und dank des Warenverkehrs auf der Seidenstraße blühte das Reich Shanshan auf. Anfang des 1. Jahrhunderts, als die Westliche Han-Dynastie infolge der Verschärfung der Widersprüche im Inland ihrem Verfall entgegenging, entwickelte sich Shanshan jedoch weiter. Bis zur Mitte des 1. Jahrhunderts nach der Zeitenwende annektierte Shanshan das Königreich Qiemo (Qarqan) und weitere Gebiete, wobei sein Territorium sich bis nach Niya im Süden des Tarim-Beckens ausdehnte. Das Reich Shanshan existierte bis zum Jahr 445 n. Chr. Nach Gründung der Nördlichen Liang-Dynastie (397-439) im Gebiet des heutigen Gansu reiste der Shanshan-König Bilong nach Zhangye, um dem Herrscher der neuen Dynastie, Juqu Mengxun, seine Freundschaft zu bezeigen. Zur gleichen Zeit entstand in Nordchina die Nördliche Wei-Dynastie (386-534). 439 wurde die Nördliche Liang-Dynastie von der Wei-Dynastie besiegt. Der Herrscher der Liang-Dynastie flüchtete mit dem Rest seiner Truppen nach Shanshan und Gaochang. Später besetzte eine Armee der Nördlichen Wei Shanshan. So ging das Reich Shanshan unter, dessen Territorium während der Tang-Dynastie zum tibetischen Königreich Tubo gehörte.

Die Loulan-Kultur

Das antike Königreich Loulan, später Shanshan, verschwand vom Schauplatz der Geschichte bereits vor mehr als tausend Jahren. Dennoch erregt seine eigenständige Kultur bis heute Interesse.

In Xuan Zangs Bericht „Reise nach dem Westen während der Tang-Dynastie" findet sich die folgende Geschichte aufgezeichnet: Früher gab es im Königreich Yutian keine Seidenraupen. Ein weiter im Osten gelegenes Reich weigerte sich, Yutian Seidenraupeneier zu geben. Daraufhin hielt König Shusadanna von Yutian beim Herrscher dieses Reichs um die Hand einer Prinzessin an. Sein Wunsch wurde gewährt. Shusadanna ließ seine Braut heimlich Seidenraupeneier mitbringen. Sie versteckte die Eier in ihrem Hut, so daß sie von den Grenzposten nicht gefunden wurden. Auf diese Weise kamen die Seidenraupen nach Yutian und wurden dort gezüchtet.

Die in Tibetisch abgefaßte „Geschichte Yutians" enthält einen ähnlichen Bericht. Danach hieß der König von Yutian Yuchi Sheye und regierte um das Jahr 220 n. Chr. Die Historiker sind der Meinung, daß es sich bei dem „weiter im Osten gelegenen Reich" um Shanshan handelt. Tatsächlich wurde die Seidenraupenzucht über Shanshan und Yutian allmählich nach dem Westen gebracht.

Die bisherigen Ausgrabungen zeigen, daß die einstigen Bewohner Loulans durch lange Nasen und tiefliegende Augen gekennzeichnet waren und spitz zulaufende Mützen sowie Lederstiefel trugen. Sie ähnelten den Skythen. Durch den Verkehr mit der Han-Dynastie wurden Ackergeräte und Agrartechnik sowie Keramik, Seidenraupenzucht, Seidengewebe, Lackwaren, Münzen, Siegel und Waffen in Loulan verbreitet.

Da sich Loulan an der Seidenstraße befand, konnte es in vielfältiger Weise Kultureinflüsse des Westens und Ostens aufnehmen. Der bekannte Mönch Fa Xian, der den Liusha-Fluß überquerte und nach Shanshan kam, stellte fest, daß der dortige Boden unfruchtbar sei, die Tracht der Bewohner aus Wollgeweben bestehe und der der Han gleiche und daß der König ein Anhänger des Buddhismus sei. Im ganzen Land gäbe es über 4000 Mönche, die täglich Bücher in Kharoschthi läsen und diese Sprache auch sprächen.

Niya

Im 2. Jahrhundert v. Chr., als Zhang Qian die Seidenstraße bereiste, gab es am Unterlauf des Niya-Flusses das kleine Königreich Jingjue (heute Minfeng in Südxinjiang). Im 1. Jahrhundert n. Chr. wurde Jingjue von Shanshan annektiert und entwickelte sich zu einem kulturell hochstehenden Gebiet. Nach dem Untergang von Shanshan wurde das Gebiet um die Stadt Niya vom Reich Yutian in Besitz genommen. Deshalb kam Xuan Zang, als er im Jahr 644 hier die Seidenstraße passierte, zu der Feststellung, daß Niya der östliche Grenzposten des Yutian-Reiches sei. Die einstige Lage der Hauptstadt Niya des Jingjue-Reiches ist nicht identisch mit dem Standort der späteren Stadt Niya (heute Minfeng), die, als der Niya-Fluß vertrocknete, nach Süden in ein feuchtheißes Sumpfgebiet mit üppigem Schilf verlegt wurde.

Die Ruinen des alten Niya befinden sich mitten in der Wüste, 150 Kilometer nördlich der Kreisstadt Minfeng. Es sind Ruinen aus der Periode des Reichs Shanshan. Sie stammen zumeist aus der Zeit der Östlichen Han-Dynastie (25-220). Die Ruinen von Niya wurden aufgrund kostbarer Fundstücke

105

106

105. Blauer Kattun mit Buddha-, Drachen- und Löwenmuster aus der Westlichen Han-Dynastie (206 v. Chr. -24 n. Chr.)
Stoff-Fragment, freigelegt in Niya, Kreis Minfeng

106. Jadelampen, 17 cm lang, 7,2 cm hoch
Freigelegt in Dandanuk, Gebiet Hotan (Entstehungszeit noch nicht ermittelt)

107. Holzpfähle, 76 cm lang, mit schraubenförmigen Mustern
Freigelegt nördlich der heutigen Kreisstadt Minfeng

108. Im Forschungsinstitut für Seidenraupenzucht in Hotan

109. Die Seidenprodukte aus Shache finden im In- und Ausland hohe Anerkennung.

110. „Kampf um das Schaf", traditionelles Reiterwettspiel der Tadschiken

107

108

109

110

Alte Strasse zwischen Wanderdünen

weithin bekannt. Darunter gab es Holztäfelchen mit Kharoschthi-Schriftzeichen, die von Aurel Stein und dem Amerikaner Ellsworth Huntington zu Beginn dieses Jahrhunderts dort gefunden wurden.

Vor zwei Jahrzehnten legten chinesische Archäologen zahlreiche Seidenwaren, Baumwollgewebe, Bronzespiegel, Lackwaren, Münzen, Holzkämme und Schmuckgegenstände, darunter ein Siegel des „Ackerbauamtes", frei. Dieses Amt war eine Einrichtung der Östlichen Han-Dynastie zur Verwaltung der Landwirtschaft. Zu den Fundstücken gehört auch ein besticktes Seidenkopfkissen in Form eines Hahns. Das Motiv bezieht sich auf die altchinesische Redewendung: „Beim ersten Hahnenschrei aufstehen".

Besondere Beachtung fand bei den Archäologen auch ein Stück blauer Kattun mit Buddha-, Drachen- und Löwenmuster. Während das Drachenmotiv der chinesischen Kultur entstammt, zeigt sich die Gestaltung der Buddhafigur der von der hellenistischen Plastik beeinflußten Gandhara-Kunst näher. Deutliche Spuren der griechischen Tradition zeigen die Haartracht Buddhas und das kegelförmige Gefäß mit Körnern, das Buddha in der Hand hält. Dabei handelt es sich zweifelsfrei um das auch als „Milchhorn" bezeichnete Füllhorn der griechischen Göttinnen.

Unter den Plastiken der Gandhara-Kunst findet sich mehrfach die Gestalt einer Göttin, die ein „Milchhorn" in der Hand hält und von mehreren Kindern umgeben ist. Sie stellt eine Muttergöttin dar, die in Indien schon in vorbuddhistischer Zeit als Schutzgöttin des Kinderreichtums verehrt wurde. Legenden des Veda nach soll sie fünfhundert Kinder geboren haben. Im Buddhismus tritt sie als Symbol des Kindersegens und Reichtums auf.

Das Buddhabild auf dem blauen Stück Kattun sieht einer Muttergöttin-Gestalt aus Gandhara sehr ähnlich. Es gehört zu jenen Fundstücken, die die Verschmelzung abendländischer, südasiatischer und chinesischer Kultur und Kunst im Bereich der Seidenstraße besonders nachdrücklich bezeugen.

Hotan

Hotan ist eine ziemlich ausgedehnte Oase südlich der Taklimakan Wüste. In alten Zeiten lag hier das Königreich Yutian, das kulturell höher als Loulan entwickelt war. Bereits in der Zeit der Streitenden Reiche (475-221 v. Chr.) war Hotan durch seine Jade, die als Kunlun-Jade bezeichnet wurde, in Mittelchina bekannt. Einer der wichtigsten Pässe der Seidenstraße erhielt den Namen Yumen-Paß (Jadetor-Paß), weil durch ihn eine große Menge Jade aus Hotan nach China gebracht wurde.

Hotan, die Hauptstadt des antiken Königreichs Yutian, liegt auf einer weiten Terrasse am Westufer des Yurungkax-Flusses, etwa 25 Kilometer südlich der heutigen Kreisstadt Hotan. Im Süden kann man die Gipfel des Kunlun-Gebirges sich wie Zacken einer Säge vom Himmel abheben sehen. Fast alle Bauten im Ruinenkomplex sind dem Erdboden gleichgemacht. Der Boden ist übersät mit Tonscherben, unter denen man sowohl sandhaltige rote Tonwaren als auch fein verarbeitete rote Keramik finden kann. Im Westen der Ruinenstadt liegt eine zwei Meter hohe, aus Kieselsteinen aufgehäufte Anhöhe, die einst eine Tonbrennerei war. In der Nähe stehen einige zerstörte Häuser. Hier wurden zahlreiche Buddhastatuen und Fragmente von Terrakotta-Figuren freigelegt.

Nach chinesischen Aufzeichnungen gab es im antiken Reich Yutian über hundert Tempel und mehr als fünftausend Mönche. Daraus läßt sich ersehen, wie weit verbreitet der Buddhismus schon in früher Zeit in Zentralasien war. Im Bericht „Reise nach dem Westen während der Tang-Dynastie" wird erwähnt: „In Yutian wird die Musik gefördert, die Einwohner lieben Gesänge und Tänze ... Schriftzeichen und Gesetze sind aus Indien übernommen und wurden nur in ihrer Form und Bedeutung ein wenig geändert und weiterentwickelt." Die freigelegten Texte und Briefe in der Yutian-Schrift bestätigten Xuan Zangs Beobachtung.

Alte Strasse zwischen Wanderdünen

Nach der Herausbildung der Seidenstraße wurde Yutian noch nachhaltiger durch die indische Kultur beeinflußt. In den letzten Jahren wurden in Duwa, Kreis Pishan, zahlreiche Tonmodelle zur Herstellung von Buddhafiguren entdeckt, die insbesondere in ihren mit Blumenmustern verzierten Rautenornamenten den Einfluß der Gandhara-Kunst kenntlich werden lassen. Der Grund, warum keines der antiken Bauwerke Hotans erhalten blieb, liegt darin, daß Yutian mit der Karahan-Dynastie einen vierundzwanzig Jahre lang währenden erbitterten Krieg führte, der im Jahr 1001 mit der totalen Niederlage endete. Der König von Karahan war ein eifriger Moslem, der den Buddhismus mit allen Mitteln bekämpfte. Er ließ daher alle buddhistischen Stätten in Yutian zerstören.

Shache

Westlich von Hotan wich die Seidenstraße von der alten nach Süden führenden Liusha-Straße ab und zog sich an den reichen Oasen südlich der Taklimakan-Wüste entlang. Hier lag ein dicht bevölkertes Gebiet, dessen Boden fruchtbar und gut bewässert war. Aber nur wenige Kulturgegenständen haben sich in den Ruinen der Städte erhalten, da die dichte Besiedlung das Land im Oasengürtel beständig umgestaltete.

Shache, westlich von Hotan, war wie Hotan eine bedeutende Oase. Vom Yarkant durchflossen, wurde sie auch unter dem Namen Yarkant bekannt. Bereits im 2. Jahrhundert v. Chr. war Shache eines der 36 Reiche in den „Westlichen Gebieten". Es verfügte über eine hochentwickelte Landwirtschaft. Im 6. Jahrhundert n. Chr. wurden in Shache Maulbeerbaum-Plantagen angelegt und Seidenraupen gezüchtet. Die Seidenwaren aus Shache waren ebenso bekannt wie die aus Hotan. Deshalb nannte man beide Städte früher „Seidenstädte". Bis in die Neuzeit hinein wurden Seidenwaren aus Shache nach Indien, dem Iran und in arabische Länder exportiert.

Die Seidenstraße machte Shache zu einer wichtigen Handelsstadt und zu einem Verkehrsknotenpunkt im Süden Xinjiangs. Von hier aus zogen Karawanen nach Hotan im Osten, zum Pamir im Süden, nach Bachu im Norden und nach Kashi im Westen. Von hier aus gab es eine direkte Verbindung zwischen der Südroute und der Nordroute der Seidenstraße. Reisende wie Xuan Zang und Marco Polo passierten Shache, und bis in die erste Hälfte des 20. Jahrhunderts hinein lebten hier noch viele Kaufleute aus Kashmir, Indien und Afghanistan. Sie beschäftigten sich zumeist mit dem Seidenhandel. Aus Shache pflegten Mekka-Pilger Seide mitzunehmen, um sie unterwegs gewinnbringend zu verkaufen.

Auf dem Pamir

Im Pamir laufen bekannte Hochgebirgszüge wie Kunlun, Karakorum, Tianshan und Hindukusch zusammen. Deshalb wird der Pamir als „Dach der Welt" bezeichnet.

Von Shache aus nahm die Seidenstraße ihren Weg nach Süden durch die mythische Landschaft der Eisgipfel und Gletscher. Die Natur bietet einen faszinierenden Anblick: reißende Quellen, tiefe Schluchten, grüne Matten und blauer Himmel über den schneebedeckten Gipfeln. Taxkorgan tief im Pamir ist ein Stück von Mythen umwobener Welt.

Die kleine Kreisstadt liegt in einem weiten Bergtal. Ein Fluß, ebenfalls Taxkorgan genannt, zieht sich im Osten der Stadt entlang. Taxkorgan ist die Hauptstadt der Tadschiken Xinjiangs und war seit alter Zeit ein wichtiger Rastplatz für Karawanen.

Das Königreich Taxkorgan, das erste Reich auf der Pamir-Hochebene, wurde zwischen dem 2. und 3. Jahrhundert gegründet. Alle Reisenden in der Vergangenheit, einschließlich Marco Polos, berichten, wie steil und schwer passierbar die Seidenstraße dort war.

Die Einwohner von Taxkorgan lebten zur Zeit der Gründung ihres Reiches noch von der Viehzucht. Ein widderhornförmiges Bronzeschmuckstück aus der Han-Zeit bestätigt dies.

111

111. Ruinen der „Stein"-Stadt des Königreichs Taxkorgan

112. Schneegipfel am Wowajeli-Paß
Von hier führte die Seidenstraße nach Afghanistan.

113. Der Mingteke-Gletscher
In seiner Nähe befindet sich der gleichnamige Paß, einst ein wichtiger Durchgang der Seidenstraße nach Südasien. Da in seiner Umgebung die Luft sehr dünn ist, so daß man Kopfschmerzen bekommt, nannte man den Mingteke in alter Zeit „Kopfschmerzen-Berg".

112

113

Alte Strasse zwischen Wanderdünen

Etwa seit dem 3. und 4. Jahrhundert begann man, auf der Pamir-Hochebene auch Landwirtschaft zu betreiben. Bäume und Blumen sind jedoch in der hochgelegenen und kalten Region nur selten anzutreffen. Zumeist wurde kältebeständige Gerste angebaut. Die Kleidung der Bewohner war aus Filz gemacht.

Im Königreich Taxkorgan wurden eine Hauptstadt von etwa fünf Kilometer Umfang und zwölf Wohnburgen errichtet, in denen der König und die Aristokraten lebten. Das Reich verfügte über eine tausend Mann starke Armee. Die Einwohner waren Anhänger des Buddhismus. In den rund zehn Tempeln des Reichs lebten etwa fünfhundert Mönche. Einer der Tempel, der vom König für einen aus einem Nachbarland eingeladenen hochgebildeten Mönch namens Tongshou errichtet wurde, bestand aus vielen Hallen und Pavillons, die mit Buddhastatuen überhäuft waren. Die Sprache von Taxkorgan war dem Ost-Persischen verwandt und ähnelte der des Reichs Shule.

Während des 5. Jahrhunderts erlebte Taxkorgan seine Blütezeit. Damals erstreckte sich sein Territorium im Westen bis zum Königreich Hua und grenzte im Süden an Jibin (heute Srinagar in Kashmir). Von Taxkorgan aus wurde auch ein Feldzug gegen das Königreich Taksasila südlich des Indus geführt. Anfang des 7. Jahrhunderts begann Taxkorgan zu verfallen. Zwischen 713 und 727 verließ König Pei Xing mit einem Teil der Bevölkerung das Hochgebirgstal und unterwarf sich dem Reich Tubo (Tibet).

Die Ruinen der „Stein"-Stadt in der heutigen Kreisstadt Taxkorgan bezeichnen noch den Platz der Hauptstadt des antiken Königreichs Taxkorgan. Damals wurden die meisten Häuser der Stadt aus übereinandergeschichtetem Gestein errichtet. Daher erklärt sich, daß der Ruinenkomplex bis heute mit Steinen übersät ist. Nach dem Untergang von Taxkorgan installierte die Tang-Dynastie hier eine militärische Grenzstation — die Garnison des Hochlands Congyuan. Die imposante Festung, die im Südteil der „Stein"-Stadt emporragt, ist die Garnison Puli, die Anfang unseres Jahrhunderts von der Qing-Dynastie angelegt wurde.

Die Burg der Prinzessin

Als der Mönch Xuan Zang vor tausend Jahren aus Indien heimkehrte, passierte er Taxkorgan und brachte von dort folgende Legende mit: Eine Han-Prinzessin wird ins Königreich Parsa verheiratet. Unterwegs wird sie durch einen Krieg in einem Tal aufgehalten. Sicherheitshalber verstecken sie ihre Begleiter auf einem hohen Berggipfel. Dort wird sie von der Sonne geschwängert. Als die Begleiter davon erfahren, wagen sie es nicht mehr, nach Parsa weiterzuziehen. Man errichtet auf dem Berggipfel eine Burg für die Prinzessin. Dort bringt die Prinzessin einen Sohn zur Welt, der später das Königreich Taxkorgan gründet. Xuan Zang fügt hinzu, das Aussehen der Angehörigen der Königsfamilie ähnle stark dem der Chinesen, während die Untertanen des Reichs völlig anders aussähen.

Auf einem steilen Gipfel, etwa siebzig Kilometer südlich von Taxkorgan entfernt, liegt eine antike Burg, die nach der legendären Prinzessin benannt ist. Man sagt, es sei die in der Sage erwähnte Burg. Es ist unmöglich, von Osten, Norden oder Süden her den Gipfel zu erklimmen. Nur von der Westseite gelangt man über einen gefährlichen Pfad auf die Burg. An dieser Seite zieht sich eine aus Lehmziegeln errichtete Schildmauer den Bergkamm entlang. Die Burg selbst ist klein und der Boden uneben. Kein Überrest von anderen Bauten ist zu sehen. Von der Schildmauer hat man einen weiten Ausblick über die Berglandschaft. Der Mingteke-Fluß windet sich am Fuß des Berges wie eine Perlenkette durchs Tal.

Genau genommen, gleicht die Burg der Prinzessin eher einer militärischen Anlage als einem Palast. Da hier noch keine Ausgrabungen vorgenommen wurden, fehlt noch jeder Hinweis, der die von Xuan Zang überlieferte Legende bestätigen könnte. Allgemein nimmt man an, daß die Geschichte nicht auf Wahrheit beruht und daß sie vielmehr dazu diente zu erklären, wie das Königreich Taxkorgan entstand und warum die Tadschiken des Pamir nicht den Chinesen ähneln und warum ihre Sprache der ostpersischen Sprachgruppe angehört.

Tadschiken

Die überwältigende Mehrheit der Einwohner Taxkorgans sind Tadschiken. Sie sind Moslems. Da die Tadschiken seit vielen Jahrhunderten auf der Pamir-Hochebene leben, konnten sie sich der besonderen Umwelt ausgezeichnet anpassen. Im allgemeinen pflegen sie im Sommer auf den Hochgebirgsweiden in Zelten oder Häusern aus Lehmziegeln zu wohnen, deren Ausstattung spartanisch ist. Das Dach der Häuser besteht aus aufgelegten getrockneten Rasenplatten. Die Spalten im Dach tragen zur Beleuchtung und Belüftung bei. Bei Regen schwellen die Rasenpolster an, so daß sie eng aneinanderliegen und keinen Tropfen Wasser hindurchlassen. Im Winter leben die Tadschiken in steinernen, heizbaren Dorfhäusern am Rand ihrer Felder. Ihr ganzes Hab und Gut ist in diesen Häusern eingelagert.

Die Tadschiken sind gute Reiter. Sie können unwegsame Bergpfade, Gletscher oder schneebedeckte Wildnis im Galopp passieren. Die besten Reiter stehen bei allen in hohem Ansehen. An Festtagen oder bei einer Hochzeitsfeier veranstaltet man das traditionelle Reiterwettspiel „Kampf um das Schaf". Wer bei diesem Spiel das Schaf an sich reißt und als erster das Ziel erreicht, ist Sieger.

Nach den Sitten und Gebräuchen der Tadschiken werden zu einer Hochzeit alle Verwandten, Nachbarn und Freunde eingeladen. Die Familien von Braut und Bräutigam bewirten die Gäste mit Süßigkeiten und Hammelfleisch. Nach dem Essen beginnt man zu tanzen und den „Kampf um das Schaf" zu führen. Die Braut muß einen Schleier tragen. Gegen Abend kommt der Bräutigam, von seinen Verwandten begleitet, zum Haus der Schwiegereltern, um die Braut abzuholen. Nach einer kurzen Zeremonie bringt dann der Bräutigam die Braut auf seinem Pferd zu seinem Haus.

Der Adler ist der Lieblingsvogel der Tadschiken. Im tadschikischen Tanz werden oft die Bewegungen eines fliegenden Adlers nachgeahmt. Da die Seidenstraße das Gebiet der Tadschiken durchzog, finden sich in deren Kultur auch deutliche Spuren der östlichen und der westlichen Zivilisation, beispielsweise der Tanz „Der Kaufmann und das Pferd" und das Theaterstück „Kaufleute aus Badakhshan".

Der chinesische Teil der südlichen Seidenstraße endete auf dem Pamir. Von hier aus führte eine Route direkt nach Süden weiter über den Mingteke-Paß durch Hunza und Gilgit nach Srinagar oder den Indus abwärts nach Peshawar und Lahore in Pakistan und von dort nach Indien.

Die Hauptroute der südlichen Seidenstraße aber verlief weiter in westlicher Richtung über den Wowajili-Paß an der Grenze zwischen China und Afghanistan zum Wahan-Korridor. Von hier aus führte sie westwärts durch Yida (heute das Gebiet von Badakhshan), Fangyan (heute Bamian) und die Stadt Lanshi (heute Wazirabad) nach Maru (heute Mary), wo sie sich mit der aus Kashi über Wuqia, Dayuan (heute Fergana) und Kangju kommenden Nordstrecke der Seidenstraße vereinte.

Maru lag in alten Zeiten an der Ostgrenze des Partherreichs und wurde auch kleines Partherreich genannt. Von hier aus führte die Seidenstraße durch den heutigen Iran und Irak, über Syrien und Libanon zum Mittelmeer, von wo sie Instanbul bzw. Rom erreichte.

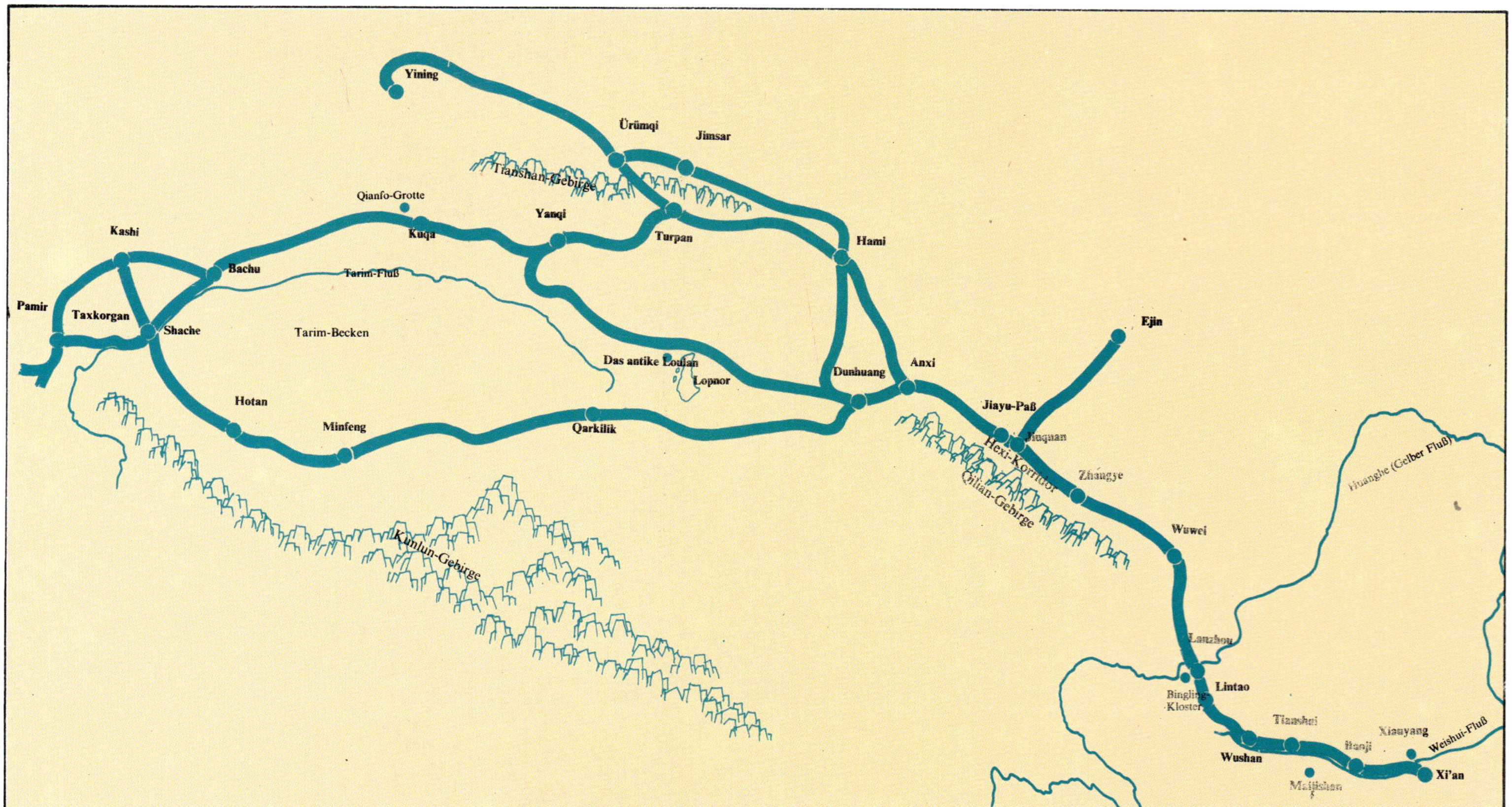

Skizze der antiken Seidenstraße (innerhalb Chinas)

Redakteur: Huang Zu'an
Layout: Huang Zhongjun
Text: Huang Zu'an, Chen Heyi und Ru Suizhu
Fotos: Ru Suichu, Chen Heyi, Du Zequan, Zhang Changjiang, Zhang Yunlei, Yang Limin, Niu Yaoguang und Wang Yarong
Illustrationen: Ma Jiangyan
Deutsche Textfassung: Li Deman (李德满)
Redaktion der deutschen Ausgabe: Monika Katzenschlager(贾莫尼), Wang Jiping (王寄萍), Guo Zifu (郭子富), Gu Qun (顾 群), Cai Zhihui (蔡志惠), Si Yuping (司玉萍) und Huang Shaoxian (黄少仙)

DIE ANTIKE SEIDENSTRASSE

Redaktion und Verlag CHINA IM BILD
Druck: Xinhua-Farbdruckerei, Beijing
Vertrieb: Chinesische Internationale Buchhandelsgesellschaft (GUOJI SHUDIAN), Schließfach 399, Beijing, China

Erste Auflage: Oktober 1987 04200
ISBN 7-80024-007-X/J.8

8. 383. 1019
04200
84—G—662D